사진으로 읽는 베를린

사진으로 읽는 베를린 – 나치와 분단의 기억

초판 1쇄 발행 2017년 12월 27일

글/사진   이재인

펴낸이   김선기
펴낸곳   (주)푸른길
출판등록   1996년 4월 12일 제16-1292호
주소   (08377) 서울시 구로구 디지털로 33길 48 대륭포스트타워 7차 1008호
전화   02-523-2907, 6942-9570~2
팩스   02-523-2951
이메일   purungilbook@naver.com
홈페이지   www.purungil.co.kr

ISBN   978-89-6291-434-4   03920

• 이 도서의 국립중앙도서관 출판시도서목록(CIP)은 서지정보유통지원시스템 홈페이지(http://seoji.nl.go.kr)와 국가자료공동목록시스템(http://www.nl.go.kr/kolisnet)에서 이용하실 수 있습니다.(CIP제어번호 : CIP2017034238)

사진으로 읽는 베를린

나치와 분단의 기억

글/사진 이재인

푸른길

일러두기

1. 사진 아래에 기울임체로 쓰인 글은 사진 속에 있는 독일어의 번역이다.

2. 차례의 제목 아래에 있는 핵심어들 중에서 굵은 글씨로 쓰인 것은 보충 자료이다.

3. 외국어를 한글로 표기할 때는 외래어 표기법을 우선 적용하고 경우에 따라 현지 발음을 고려했다.

차례

II. 분단의 기억

프롤로그

베를린은 니콜라이 지역에 뿌리를 두고 있다. 니콜라이 지역은 니콜라이 교회 주변 일대를 가리킨다. 니콜라이 교회는 베를린에서 가장 오랜 역사를 가진 건물로서 1230년 무렵에 건축되었고 이곳을 중심으로 슈프레강의 동편에 베를린이, 건너편 서쪽 강변에 쾰른*이 형성되었다.

쾰른이라는 지명은 1237년에, 베를린은 1244년에 처음으로 문헌에 나타난다. 베를린과 쾰른은 1307년에 서로 연합하여 공동의 행정 체계를 구성했으며 1432년에는 새로운 통합조약을 맺고 하나의 도시 공동체가 되었다.** 그것이 오늘날 베를린의 기원이다. 베를린의 성립 연대로 공인되고 있는 1237년은 바로 쾰른이 문헌에 처음 등장한 연대이다.

니콜라이 교회

1701년 1월 18일 브란덴부르크의 선제후이며 프로이센을 지배하는 공작이었던 프리드리히 3세가 프로이센의 왕위에 올라 첫 번째 프로이센 왕이 되었

---

* 대성당으로 유명한 중부독일 라인강변의 쾰른과 다른 도시이다.
** 베를린과 쾰른의 통합 행정은 권력을 강화하려는 브란덴부르크의 선제후 프리드리히 2세에 의해 1442년에 다시 분리되었으나 두 도시의 긴밀한 유대 관계는 계속 유지되었다.

다. 그의 호칭은 프리드리히 1세로 바뀌었으며 공국이었던 프로이센은 왕국으로 격상되었다.

프로이센의 왕 프리드리히 1세는 1709년 베를린, 쾰른, 프리드리히스베르더, 도로테엔슈타트, 프리드리히슈타트 등 다섯 개 도시를 통합하여 프로이센 왕국의 수도 베를린으로 삼았다.

프로이센의 왕 빌헬름 1세는 철혈 재상 비스마르크와 함께 1864년 덴마크와의 전쟁, 1866년 오스트리아와의 전쟁에서 모두 승리하고 1870~1871년 프랑스와의 전쟁을 승리로 이끌면서 1871년 1월 18일 베르사유 궁전에서 독일의 통일과 '독일제국 Deutsches Reich'의 수립을 선포하며 황제로 즉위했다.* 이에 따라 베를린은 독일제국의 수도가 되었다.

황제가 다스리는 독일제국은 제1차 세계대전이 끝날 무렵인 1918년 11월 혁명으로 붕괴되었고 공화국이 성립되었다. 패전에 따른 수도 베를린의 혼란을 피해 바이마르에서 소집된 국민의회에서 공화국 헌법이 제정 통과되었으므로 흔히 바이마르 공화국이라고 부른다. 그러나 공식 국명은 여전히 '독일제국 Deutsches Reich'이었다.**

---

* 1월 18일은 브란덴부르크의 선제후이며 프로이센을 지배하는 공작이었던 프리드리히 3세가 프로이센의 왕으로 즉위한 지 170주년 되는 날이었다.
** 프로이센의 왕 빌헬름 1세가 독일의 통일과 독일제국의 수립을 선포하며 황제로 즉위한 1871년부터 1945년 나치가 패망할 때까지 독일의 공식 국명은 '독일제국 Deutsches Reich'이었다. 흔히 '제국'으로 번역되는 독일어 단어 '라이히 Reich'는 왕이나 황제가 지배하는 영역으로서의 '왕국 또는 제국, 국가, 나라'라는 뜻이다. 통치자를 구체적으로 드러낼 때는 '왕 König'이 다스리는 나라는 '왕국 Königreich'으로, '황제 Kaiser'가 다스리는 나라는 '황국 Kaiserreich'으로 표현한다. 그러므로 1871년부터 바이마르 공화국 성립 때까지, 즉 황제 시대의 독일을 가리킬 때는 '독일황국 Deutsches Kaiserreich'이라는 표현을 사용하기도 한다. 그러나 그것은 회고적인 표현일 뿐 국명은 아니다. 그리고 황제 시대 이후 나치의 패망까지를 가리킬 때는 황제의 느낌을 배제하기 위해서 공식 국명 '도이체스 라이히 Deutsches Reich'를 '독일제국'으로 번역하지 않고 '독일국'으로 번역하기도 한다. 한편 나치는 공포하지는 않았지만 1943년부터 '대독일제국 Großdeutsches Reich'이라는 국명을 관청에서 사용했다.

바이마르 공화국은 1933년 1월 30일 히틀러가 수상에 취임하면서 종말을 고했고 의회는 1933년 2월 1일 해산되었다. 나치 시대의 독일은 스스로 '제3 제국 Drittes Reich'이라는 명칭을 선호했다. 제3제국은 신성로마제국과 황제 시대의 독일제국을 잇는 세 번째 제국이라는 의미였다. 바이마르 공화국은 무시되었다.

나치 독일은 1945년 제2차 세계대전 패전에 따라 4개 지역으로 분할되어 미국, 영국, 프랑스, 소련 등 4개 연합국이 각각 관할했다. 베를린은 4개 구역으로 나뉘었지만 4개국이 공동으로 관할했다. 그러나 곧 서방 연합국과 소련 사이에 정치적 갈등이 심화되어 1948년 6월 소련이 서베를린을 봉쇄함으로써 공동 관할은 중단되었고 그해 11월 베를린의 행정 체계는 동서로 분리되었다.

1949년 5월 소련의 서베를린 봉쇄는 해제되었으나 1990년 통일이 될 때까지 서베를린은 동독이 지정한 통로를 통해서 또는 합의된 항로를 통해서만 갈 수 있었다.

1949년 5월 서방 연합국이 관할하는 독일 서쪽 지역에 '독일연방공화국 Bundesrepublik Deutschland'이 성립되었다. 소련의 점령지역에 고립되어 있는 서베를린의 특수한 상황으로 인해 '본 Bonn'이 임시 수도가 되었다. 같은 해 10월 독일 동쪽 지역에서는 '독일민주공화국 Deutsche Demokratische Republik', 즉 동독이 성립되었다. 동독의 수도는 동베를린이 되었다.

동독 정부는 서베를린으로 탈출하려는 사람들을 저지하기 위해 1961년 8월 베를린 장벽을 쌓았다. 동서 분단의 상징이었던 베를린은 1989년 11월 장벽이 붕괴되고 1990년 10월 독일이 통일을 이룩함에 따라 다시 통일 독일의 수도로서 옛 위상을 되찾았다.

통일 독일의 연방정부는 나치와 동독 독재정권의 과거를 청산해야 하는 과제를 안게 되었다. 나치에 대한 정치적, 사법적 청산은 나치 패망 직후부터 동독과 서독에서 각각 이루어졌지만 특히 통일을 이룩한 후 진보적 지식인들과 시민단체 등의 요구에 따라 나치 범죄를 기억하고 반성하며 희생자들을 추모하는 시설들이 수도 베를린에 잇따라 설립되었다.

유대인 말살을 최종 결정한 '반제 회의 Wannsee-Konferenz'가 개최되었던 건물이 1992년 1월에 '반제 회의의 집'이라는 명칭으로 문을 열어 전시관 및 역사 교육의 장소로 사용되기 시작한 것을 비롯하여 2001년 9월에 개관한 유대인 박물관, 2005년 5월에 준공된 홀로코스트 추모 조형물, 2008년 5월에 준공된 동성애 희생자 추모 조형물, 2012년 10월에 준공된 집시 희생자 추모 조형물, 그리고 비교적 최근인 2014년 9월에 베를린 필하모니 앞 광장에 추가로 설치된 장애인 학살에 관한 기록물 등 나치의 범죄를 드러내고 그 희생자들을 추모하는 시설들이 베를린 곳곳에 설립되었다.

통일 독일의 연방정부는 과거 동독 독재정권의 적폐 청산에도 모든 노력을 다했다. 먼저 과거 동독 정부의 인권탄압 책임자들을 단호하게 사법 처리했으며 인권탄압의 희생자들에 대한 명예 회복과 보상 조치를 실시했다. 그뿐만 아니라 민감한 사안에 따른 찬반양론에도 불구하고 슈타지의 비밀문서를 과감하게 공개하여 비리가 있거나 부적절한 처신을 했던 공직자들을 처벌하고 공직에서 추방했다.

슈타지 본부 건물은 과거 슈타지의 조직 및 활동 등에 관한 기록과 물품을 전시하는 박물관 및 역사 교육의 장소로 사용되고 있다. 그리고 슈타지가 독재정권의 유지를 위해 국민들을 억압하기 위한 구치소로 사용했던 감옥은 일반인에게 공개되어 생생한 역사 교육의 장으로 활용되고 있다.

연방 재무부 청사 앞에는 동독의 독재정권에 저항했던 1953년 6월 17일의 민중봉기를 기념하는 광장이 마련되어 있다. 동서 베를린의 경계였던 거리인 베르나우어 슈트라세에는 베를린 장벽을 역사의 유물로 기억하고, 장벽을 넘다가 희생된 사람들을 추모하기 위한 시설과 조형물이 설치된 베를린 장벽 추모지가 조성되어 있다.

그렇게 독일은 나치와 분단의 흔적들을 유적지로 조성하여 보존하고 전시하며 비판적 역사 교육의 장으로 활용하고 있다. 어두운 과거사를 은폐하거나 왜곡하지 않고 오히려 적극적으로 백일하에 드러내어 정면으로 마주하면서 그 청산과 극복에 최선의 노력을 다하고 있는 것이다. 그리고 그 노력의 결과물이 가장 많이 눈에 띄는 도시는 단연 베를린이다.

이 책은 베를린 곳곳에서 볼 수 있는 나치 시대와 분단 시대의 유적들 또는 그러한 과거를 잊지 않기 위한 기억 조형물과 시설들을 일일이 찾아서 사진으로 기록하고 그 역사적 배경을 기술한 것이다. 베를린으로 대표되는 독일의 과거사 청산과 극복의 사례가 그저 먼 남의 나라 일이 아님은 두말할 나위가 없다.

과거를 아는 사람에게만 미래가 있다.

빌헬름 폰 훔볼트 (1767~1835)

I. 나치의 기억

1. 안할트 역

  1841년에 건축되어 철로가 개통될 당시 베를린과 '안할트 Anhalt' 공국을 연결하는 노선이었으므로 '안할트 역 Anhalter Bahnhof'이라는 명칭이 붙게 되었다. 안할트 공국은 현재의 '작센-안할트 Sachsen-Anhalt'주에 속하는 지역이었다.

  안할트 역은 라이프치히, 마인강변의 프랑크푸르트, 뮌헨 등 독일 주요 도시는 물론이고 빈, 부다페스트, 로마, 밀라노, 아테네 등지로 연결되는 중요한 역이었으며 1936년 베를린 올림픽 때에는 2분 간격으로 열차가 운행될 만큼 교통량이 많았던 역이다.

  그렇게 교통의 요지였던 안할트 역은 1942년 6월부터 유대인 강제이송에 이용되기 시작했다. 나치는 1번 선로에서 오전 6시 7분에 출발하는 정규 여객 열차에 3등칸 차량 두 칸을 별도로 연결하여 유대인들을 싣고 갔다.

  안할트 역에서는 대부분 노인들이 나치 점령지역인 체코슬로바키아의 '테레지엔슈타트 Theresienstadt' 강제수용소로 끌려갔으며 나치는 그곳을 노인들을 위한 쾌적한 주거지라고 선전했다.

  그러나 테레지엔슈타트 강제수용소는 극도로 열악한 상태였으며 1942년 사망률은 50% 이상에 달했다. 그리고 그곳은 잠시 거쳐 가는 수용소였다. 테레지엔슈타트에서 질병이나 쇠약으로 사망하지 않은 사람들은 대부분 아우슈비츠로 이송되어 결국은 목숨을 잃었다.

  안할트 역에서 의복이나 짐 가방을 든 노인들의 모습은 일반 여행객들과 비슷하게 보였다. 그러나 그들은 가슴에 노란 별을 달고 있었고 감시병들로 둘러싸여 있었다. 일반 여행객들은 누구나 그들이 끌려가는 것을 볼 수 있었다.

  1941년 10월부터 1945년 3월까지 베를린에서 5만 명 이상의 유대인이 끌려갔으며 '그루네발트 Grunewald' 역과 '모아빗 Moabit' 역 그리고 안할트 역이 대표적인 유대인 강제이송 역이었다. 안할트 역에서는 1942년 6월 2일부터 1945년 3월 27일까지 116회에 걸쳐 9,600여 명이 테레지엔슈타트 강제수용 소로 끌려갔다.

1945년 2월 연합군의 폭격으로 안할트 역은 심하게 파괴되었고 오늘날까지 보존되어 있는 잔해 옆에는 안할트 역에서 이루어졌던 유대인 강제이송에 관 한 설명이 간략하게 기록된 안내판이 설치되어 있다. 끌려간 날짜와 인원수도 모두 적혀 있다.

[] 올림픽 경기장 []

　나치 시대인 1936년 8월 1일부터 16일까지 베를린에서 열렸던 제11회 하계 올림픽을 위해서 1934~1936년에 건축된 경기장이다. 올림픽 개최가 결정된 것은 바이마르 공화국 시대인 1931년 5월 13일이었다.

　제1차 세계대전 때문에 개최되지는 못했지만 베를린에서 열릴 예정이었던 1916년 올림픽을 위해서 건축된 경기장이 있었으나 히틀러가 선전 효과를 위해서 새 경기장 건설을 지시하여 기존의 경기장을 철거하고 그 자리에 지은 것이다.

　1936년 베를린 올림픽에서 우리나라의 손기정 선수와 남승룡 선수가 마라톤에서 1위와 3위를 차지했다. 그러나 일제강점기였기 때문에 가슴에 일장기를 달 수밖에 없었고, 이는 동아일보의 일장기 말소 사건으로 이어졌다.

　약 10만 명을 수용할 수 있는 이 경기장은 2006년 월드컵 결승전이 치러지는 등 현재 주로 축구장으로 이용되고 있다.

성화대가 있는 쪽 출입구. 이 문을 '마라톤문 Marathontor'이라고 부른다. 문을 들어서면 왼쪽 벽에 1936년 베를린 올림픽의 금메달리스트 명단이 부착되어 있다.

마라톤 금메달을 차지했던 손기정 선수의 성 SON이 왼쪽 위에서 열 번째 줄에 보인다. 국적은 여전히 일본으로 되어 있다. 1970년 8월 베를린을 방문 중이던 당시 신민당 박영록 의원이 야간에 경기장에 들어가서 JAPAN을 제거하고 KOREA를 새겨 넣은 사건이 있었다. 결국 IOC 결정에 따라 다시 JAPAN으로 복원되었으나 그 흔적은 지금도 JAPAN 글씨의 바탕에 희미하게 흰색으로 남아 있다.

2. 추모지 플뢰첸제

'플뢰첸제 Plötzensee'는 면적 78,500m², 최고 수심 7m, 최장 길이 740m, 최대 폭 150m 규모의 호수이다. 독일어로 '플뢰첸'은 물고기의 한 종류이며 '제'는 '호수'라는 뜻이다. '플뢰첸제'는 이 호수에서 많이 잡히는 물고기의 이름을 따서 명명된 것이다.

호수 플뢰첸제의 남서쪽 인근에는 1868~1879년에 건축된 감옥이 있었다. 256,800m² 면적에 약 1,200명을 수용할 수 있는 규모의 감옥이었으며 그 감옥은 호수 이름에 따라 '플뢰첸제 감옥'이라고 불렸다.

비교적 형량이 가벼운 죄수들을 수용하여 징벌보다는 교정을 위주로 하던 플뢰첸제 감옥은 1933년 나치가 권력을 장악함에 따라 혹독한 환경으로 바뀌었으며 정치적인 이유로 기소된 사람들의 구치소로도 사용되었다. 그리고 사형장으로도 사용되어 1933~1945년 사이에 2,891명의 사형이 집행되었다.

그들의 절반 정도는 독일인이었으며 대부분 나치에 저항하다가 사형 선고를 받은 사람들이었다. 비교적 사소한 범죄임에도 불구하고 과도하게 사형을 선고받고 처형된 사람들도 있었다. 나치에 저항하다 플뢰첸제 감옥에서 사형당한 외국인들은 독일의 점령지였던 체코슬로바키아 출신이 677명이었으며 폴란드인은 253명, 프랑스인은 245명이었다.

특히 플뢰첸제 감옥에서는 '붉은 오케스트라 Rote Kapelle'* 회원들과 1944년 7월 20일 히틀러 암살 시도의 관련자들, 그리고 오늘날 인구 200명 정도의 작은 폴란드 마을인 크라이자우에서 비밀 모임을 가지며 나치에 저항했던 크라

---

* '붉은 오케스트라'는 소련과 연계하여 나치에 저항하던 여러 단체를 나치의 비밀경찰이 총칭해서 부르던 표현이다.

이자우 서클 회원들이 목숨을 잃었다.

플뢰첸제 감옥에서의 사형은 처음에는 감옥 마당에서 손도끼로 집행되다가 1936년 10월 법무부 장관의 건의를 받아들인 히틀러의 결정에 따라 1937년부터 단두대가 사용되었다. 1942년 말에는 8명을 동시에 교수형에 처할 수 있는 시설이 창고에 마련되었다.

플뢰첸제 감옥은 1943년 9월 연합군의 폭격으로 심하게 파괴되었다. 제2차 세계대전이 끝난 1945년 연합국은 플뢰첸제 감옥을 소년원으로 사용하기로 결정하고 건물을 신축했으며 현재에도 그곳 일대에는 교도소와 소년원 등 교정 시설이 자리 잡고 있다.

'추모지 플뢰첸제 Gedenkstätte Plötzensee'는 플뢰첸제 감옥에서 나치 시대에 사형당한 사람들을 추모하는 곳이다. 1951년 서베를린 시 당국의 추모지 조성 결정에 따라 사형장으로 사용되던 창고가 일부 철거되고 그 자리에 돌로 쌓은 추모벽이 세워졌다.

보존되어 있는 창고에는 당시 사용되었던 8개의 갈고리 중에서 5개의 갈고리가 남아 있다. 그 갈고리에 철사로 목을 매다는 방식으로 사형을 집행했던 것이다. 사형장으로 사용되었던 창고 옆에 있는 같은 규모의 창고는 플뢰첸제 감옥의 역사를 기록한 전시 공간으로 사용되고 있다.

추모지 플뢰첸제는 1952년 9월 14일 개관했으며 '독일 저항 추모지 재단 Stiftung Gedenkstätte Deutscher Widerstand'이 관리한다.

추모지 플뢰첸제로 가는 길. 이 도로명은 '휘티히파트 Hüttigpfad'이다. 나치에 저항하다 붙잡혀 1934년 6월 14일 이곳에서 사형당한 '리하르트 휘티히 Richard Hüttig'의 성을 따서 명명되었다. 독일어로 '파트 pfad'는 '좁은 길'이라는 뜻이다.

추모지 플뢰첸제 입구

1933~1945년 히틀러 독재의 희생자들을 위하여

이 유골 단지에는 독일의 여러 강제수용소에서 가져온 흙이 담겨 있다.

오른쪽은 전시 공간으로 쓰이고 있고 왼쪽에는 사형장이 보존되어 있다.

플뢰첸제 감옥의 역사를 기록한 전시 공간

[] 기록과 추모 []

추모지 플뢰첸제와 관련하여, 나치에 저항하다 희생된 것이 아니라 범죄를 저질러 사형당한 자, 예를 들면 무자비한 살인자도 나치 시대에 그곳에서 사형이 집행되었다는 이유만으로 사망자 명부에 기록되어 추모의 대상이 되어야 하느냐는 문제가 있을 수 있다.

이에 관해 독일 저항 추모지 재단의 대표 요하네스 투헬은 베를린에서 발행되는 일간신문 〈데어 타게스슈피겔 Der Tagesspiegel〉 2011년 1월 18일자에서 "나치 시대의 희생자들을 모두 기록하는 것이 우리의 임무"라며 "희생자들을 분류하는 것은 적절하지 않다고 생각한다"라고 말했다.

베를린 유대인 재단의 헤르만 시몬 역시 "좋은 희생자와 나쁜 희생자를 구분하는 것은 어려운 일"이라고 동의를 표하면서 "그것은 모든 사망자 명부의 문제"라고 말했다.

브란덴부르크 추모지 재단의 호르스트 제페렌스는 "기록과 추모는 분명하게 구별되어야 한다"면서 "사형에 처해진 모든 사람이 기록되지만 모두가 추모되는 것은 아니다"라고 말했다.

현재 독일은 기본법 제102조에 따라 사형제가 폐지된 국가이다. 서독에서는 1949년 기본법 제정 당시 폐지되었으며 동독에서는 1987년에 폐지되었다.

프랑크푸르트 '파울교회 Paulskirche'의 서쪽 벽면에 부착되어 있는 '요하나 키르히너 Johanna Kirchner' 추모판. 요하나 키르히너는 프랑크푸르트에서 나치에 저항한 대표적 인물이다. 그녀는 1944년 6월 9일 플뢰첸제 감옥에서 처형당했다. 파울교회는 1789~1833년에 건축되었으며 1848~1849년 독일 최초의 자유선거로 구성된 프랑크푸르트 국민의회가 열렸던 곳이다.

3. 푸틀리츠브뤼케

베를린에서만 약 55,000명의 유대인이 열차에 실려 강제수용소로 끌려갔다. 주로 이용된 역은 '안할트 Anhalt' 역과 '그루네발트 Grunewald' 역 그리고 '모아빗 Moabit' 역이었다.

모아빗 역은 1871년 개통되어 1894년에 여객운송이 중단된 이후로는 화물역으로만 쓰였다. 여객운송을 위한 대안으로 1898년 모아빗 화물역 북쪽에 '푸틀리츠슈트라세 Putlitzstraße' 역이 개설되었다.

나치는 1930년대 후반에 푸틀리츠슈트라세 역 남쪽에 모아빗 화물역의 철로를 연장하여 유대인 강제이송을 위한 승강장 하나를 설치했다. 그렇기 때문에 유대인들이 강제이송되었던 역의 명칭이 자료에 따라 모아빗 화물역으로 또는 푸틀리츠슈트라세 역으로 다르게 기록되어 있는 것이다.

좁은 의미에서는 강제이송역이 푸틀리츠슈트라세 역이라고 할 수 있겠지만 그곳은 처음부터 모아빗 역의 여객운송을 위한 대체 역으로 모아빗 역의 일부였으며 나치 때에 설치된 강제이송을 위한 승강장도 모아빗 화물역의 철로를 연장한 것이었으므로 강제이송역은 모아빗 화물역이라고 하는 것이 더 적절할 것이다.

현재 모아빗 화물역은 대부분 철거되었고 약 9,000m² 대지에는 2007~2012년 사이에 공원이 조성되었으며 보존되어 있는 과거의 역 건물은 예술가들을 위한 작업실 등으로 이용되고 있다.

한편 푸틀리츠슈트라세 역은 1992년에 '베스트하펜 Westhafen' 역으로 개명되어 현재에 이르고 있다. 베스트하펜 역의 '푸틀리츠브뤼케 Putlitzbrücke'에는 1987년에 설치된 2.5m 높이의 조형물이 있다. 독일어로 '브뤼케'는 '다리'라는 뜻이다.

　이 다리에 있는 조형물은 나치에 의해 이 역에서 화물열차에 실려 강제수용소로 끌려간 수만 명의 유대인들을 기억하고 추모하며 다시는 그런 일이 있어서는 안 된다는 경고의 의미를 담고 있다.

　이 조형물은 설치된 후 계속해서 반유대주의자들의 비방과 훼손의 대상이 되었다. 특히 1992년 8월에는 폭발물에 의해 심하게 파괴되어, 복구 작업을 거쳐 1993년 3월에 다시 설치되었다. 이에 관한 안내판이 조형물 왼쪽 다리 난간에 부착되어 있다.

위에는 유대인을 상징하는 다윗의 별이, 아래에는 묘비명을 연상시키는 글이 새겨져 있다.

계단들
더 이상
계단이 아닌 것들
하나의 층계
더 이상 층계가 아닌 것
끊어졌다
길의 상징
더 이상 길이 아니었다
그들에게는
발판
철로
계단
층계를 지나
이 마지막 길을 걸어야 했던 그들에게는
푸틀리츠슈트라세 역에서
1941년부터 1944년까지
수만 명의 베를린 유대인들이
학살수용소로
끌려갔다
그리고
목숨을 잃었다

경고물

과거의 푸틀리츠슈트라세 강제이송역 철로 위에
1987년에 건립되었다 _____
그 후로 비방과 훼손의 대상이 되었다 _____
1992년 8월 29일 폭약으로 인해 이 경고물은
일부가 심히 손상되었다 _____
1993년 3월에 복구되어 다시 설치되었다 _____
죄 _____
          소멸 시효가 없는 _____
          _____ 우리 모두 해당된다
_____ 결코 반복되어서는 안 된다

[] 크비초슈트라세 []

당시 모아빗 화물역 인근의 거리인 '크비초슈트라세 Quitzowstraße'에도 그곳
을 통과해 끌려갔던 유대인들을 추모하는 추모관이 설치되어 있다. 나치 시대
의 유대인 강제이송에 관한 설명이 한 면에는 독일어로, 다른 한 면에는 영어
로 쓰여 있다. 모아빗 화물역 주변과 끌려간 경로가 그려진 약도도 포함되어
있다.

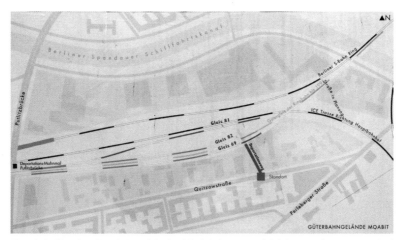

추모판에 있는 지도에는 이 추모판이 있는 '현재위치 Standort'와 '선로 Gleis' 81, 82, 69에 이르는 '끌려간 길 Deportationsweg'이 표시되어 있다. 그리고 맨 왼쪽에는 '푸틀리츠브뤼케 Putlitzbrücke'와 그곳에 있는 '강제이송 경고물 Deportations-Mahnmal' 위치가 표시되어 있다.

4. 레베초슈트라세

1912~1914년에 건립되어 유대인들의 거주 공간과 학교를 포함한 복합건물로 발전했던 '레베초슈트라세 Levetzowstraße' 7~8번지의 시너고그는 1938년 11월 9일 밤, 나치의 유대인 박해와 학살이 본격적으로 시작된 이른바 '수정의 밤 Kristallnacht' 때 비교적 가벼운 손상을 입는 데 그쳤다.

그래서 나치는 1941년 10월부터 레베초슈트라세 시너고그 건물을 유대인들의 강제이송을 위한 임시수용소로 사용하기 시작했다. 거의 파괴되지 않은 데다 2,000여 명을 수용할 수 있는 넓은 공간을 갖추고 있었기 때문이다.

이곳으로 끌려온 유대인들은 며칠 후 그루네발트 역이나 모아빗 역을 통해 아우슈비츠 등 죽음의 수용소로 강제이송되었다. 레베초슈트라세 시너고그는 1942년 가을까지 그렇게 강제이송을 위한 임시수용소로 사용되었다.

그리고 1943년 3월에 다시 한 번 임시수용소로 사용되었으며 그 후 연합군의 공습으로 파괴되었고, 1955년에 완전히 철거되었다. 약 37,500명이 이곳을 거쳐간 것으로 알려졌다.

시너고그가 있던 레베초슈트라세에는 그러한 역사적 사실을 기록한 추모관이 1960년에 설치되었고 1988년에는 희생자들을 추모하는 조형물도 설치되었다. 추모 조형물은 강제이송 날짜와 인원수, 끌려간 강제수용소 등이 기록된 철판 조형물과 그 앞 바닥의 주철 부조, 화물 취급을 받으며 끌려가는 사람들을 묘사한 석상, 화물열차를 의미하는 조형물 등으로 구성되어 있다.

1990년부터 해마다 11월 9일에는 이곳에서 추모 행사가 열린다.

왼쪽 벽에 추모판이 보이고 철로를 따라 오른쪽 멀리 화물열차 형태의 조형물이 보인다.

AN DIESER STÄTTE STAND EINE SYNAGOGE
SIE WURDE IN DER SCHRECKENSNACHT DES
9. NOVEMBER 1938 ZERSTÖRT
VON HIER AUS MUSSTEN IN DEN JAHREN DES
NATIONALSOZIALISMUS VIELE UNSERER
JÜDISCHEN MITBÜRGER IHREN LETZTEN WEG
ANTRETEN. IHR ANDENKEN IST UNVERGESSEN

이곳에 시너고그가 있었다. 그것은 1938년 11월 9일 끔찍한 밤에 파괴되었다.
이곳에서 나치 시대에 수많은 우리 유대인 시민들이 그들의 마지막 길을 떠나야만 했다.
그들에 대한 기억을 잊을 수 없다.

1941년 10월부터 1945년 4월까지 베를린에서의 강제이송이 기록된 철판 조형물. 끌려간 날짜와 인원수, 끌려간 수용소가 적혀 있다. 바닥에는 과거 베를린에 있었던 시너고그들에 대한 간단한 기록이 새겨져 있다.

과거 베를린에 있었던 시너고그들에 대한 기록. 맨 앞줄의 가운데에는 당시의 상황에 대한 설명이
쓰여 있다.

이곳에 베를린에서 가장 큰 시너고그들 중의 하나가 있었다. 1941년 게슈타포는 베를린 유대인 공동체
에 그 시너고그 건물을 임시수용소로 사용할 수 있도록 준비하라고 강요했다. 이곳에서 37,500명 이상
의 베를린 유대인들이 그루네발트 역과 푸틀리츠슈트라세 역을 통해 위의 철판 조형물에 거명된 학살
수용소로 강제이송되었다. 그 밖에도 베를린에서 두 번째로 큰 규모의 임시수용소였던 그로세 함부르
거 슈트라세의 과거 유대인 양로원에서도 1942년 6월 6일부터 1945년 3월 27일까지 안할트 역을 통한
117회의 이송을 통해 14,797명의 유대인이 강제수용소 테레지엔슈타트로 끌려갔다. 1938년 11월 9일 학
살의 밤에 베를린의 유대인 예배당들은 나치에 의해 손상되고 불에 탔으며 파괴되었다. 프로이센의 풍
부한 유대인 문화전통의 상징이던 시너고그들은 국가적으로 조직되고 자행된 테러의 가장 중요한 목표
였다. 여기에 기록된 공동체와 조합 시너고그 외에도 베를린에는 사회 시설에 80개 이상의 사적인 기도
실이나 기도를 위한 공간이 있었다. 그것들도 모두 1938년 11월 9일 밤 폐허가 되거나 그 직후 폐쇄되거
나 매각되거나 또는 몰수되었다.

화물처럼 열차에 실리는 유대인들을 표현한 조형물

[] 수정의 밤 []

'수정의 밤 Kristallnacht'은 나치의 유대인 박해와 학살이 본격적으로 시작되었던 1938년 11월 9일 밤을 가리킨다. '수정의 밤'이라는 표현은 유대인들의 예배당과 상점, 주택 등의 깨진 유리 조각에서 유래한 것이다. 그 외에도 '11월 학살 Novemberpogrom', '학살의 밤 Pogromnacht' 등 당시를 가리키는 여러 가지 표현이 있다.

파괴되고 약탈당한 상점과 주택, 불에 탄 시너고그 등 독일 곳곳은 마치 폐허를 연상케 했다. 약 7,500개의 유대인 상점이 파괴되었고 1,400여 개의 시너고그가 불에 탔다. 경찰관들은 방관했고 소방관들은 불길이 비유대인들의 주택으로 번지지 않도록 조치할 뿐이었다. 그리고 그로부터 며칠 동안 약 3만 명의 유대인이 강제수용소로 끌려갔다.

'11월 학살'은 몇몇 도시에서는 13일까지 계속되었다. 당시 사망자 수는 91명이라고 공식 발표되었으나 실제로는 쇼크로 인한 심장마비, 괴로움과 수치로 인한 자살, 강제수용소에서의 죽음에 이르는 고통 등으로 1,300~1,500명이 목숨을 잃은 것으로 추정된다.

나치는 유대계 폴란드인 그린슈판이 파리 주재 독일 외교관 라트를 1938년 11월 7일 저격한 것에 대한 국민들의 자발적 분노로 폭력 사태가 발생한 것이라고 선전했으나 그것은 거짓이었다. 총상으로 인한 라트의 사망 소식이 전해진 11월 9일 저녁 나치 선전장관 '괴벨스 Goebbels'는 국민적 분노를 장려하지는 않지만 말리지도 않겠다며 사실상 조직적인 행동을 촉구했고 이에 따라 나치 돌격대와 비밀경찰, 친위대 등이 나서서 파괴와 방화, 학살을 자행했다.

그렇게 수정의 밤은 1933년 4월 1일 유대인 상점 불매운동으로 시작되었던 나치의 유대인 차별이 조직적인 박해와 학살로 바뀌는 분수령을 이루는 것이었다.

'파괴된 다양성, 베를린 1933~1938'이라는 주제로 2013년 베를린에서 개최된 행사 때 호텔 '아들
론 Adlon' 앞에 설치된 자료.

왼쪽 첫 번째 판 상단 번역:
1933년 4월 1일 "유대인들에게서 물건을 사지 마라"

5. 독일 저항 기념관

히틀러의 독재정권에 대한 저항은 끊임없이 계속되었다. 사회 각계각층의 저항뿐만 아니라 군부 내에서의 히틀러 암살 시도도 계속되었다.

히틀러와 군 수뇌부의 갈등은 히틀러가 공격적인 외교정책과 즉각적인 실행을 강조했던 1937년 11월 5일 회의에서 처음으로 심각하게 드러났다. 그 회의에서 국방부 장관 '블롬베르크 Blomberg'와 육군 최고사령관 '프리취 Fritsch', 외무장관 '노이라트 Neurath'가 히틀러의 외교정책에 강력하게 비판적인 의견을 개진했다. 그 일이 있고 나서 1938년 1~2월 사이에 블롬베르크와 프리취는 스캔들에 휘말려 사임 형식으로 해임되었고 노이라트는 경질되어 무력해졌다.

그렇게 히틀러는 자신에게 비판적인 인물들을 제거하고 이어서 여러 명의 고급 장교들을 전역시키거나 전보시킴으로써 군 수뇌부를 자신에게 충성하는 장교로 교체했다. 그러나 히틀러에 대한 저항은 끊이지 않았다.

군부에서는 처음으로 1938년 9월에 전임 육군 최고사령관 '루트비히 벡 Ludwig Beck'과 신임 육군 최고사령관 '프란츠 할더 Franz Halder'를 비롯한 고급 장교들을 중심으로 나치 정권을 전복하려는 이른바 '9월 모의 Septemberverschwö-rung'가 있었으나 좌절되었다. 그 후로도 수차례의 히틀러 암살 시도가 있었으나 뜻밖의 사고, 폭탄의 기폭장치 고장 또는 히틀러의 갑작스러운 일정 변경 등으로 인해 모두 수포로 돌아갔다.

그러던 끝에 1944년 7월 20일 마침내 '슈타우펜베르크 Stauffenberg' 대령이 당시 '동프로이센 Ostpreußen'의 '라스텐부르크 Rastenburg' 인근에 위치한 히틀러 지휘 본부인 '볼프스샨체 Wolfsschanze'의 회의실에서 시한폭탄을 터뜨리는

데 성공했다. 그러나 4명이 사망하고 9명이 중상을 입었을 뿐 히틀러는 목숨을 건졌다.

폭발 소식은 곧 알려졌지만 히틀러의 생사가 불분명한 가운데 히틀러 암살 그룹의 본부 역할을 하던 베를린의 '벤들러블록 Bendlerblock' 지휘부는 귀중한 시간을 허비하며 '발퀴레 Walküre'* 작전의 개시를 미루었다. 그날 16시 30분 무렵 벤들러블록에 도착한 슈타우펜베르크 대령은 히틀러의 사망을 확신하며 작전 개시를 위해 지휘부를 재촉했으나 히틀러의 생존이 확인되면서 상황은 돌이킬 수 없이 기울었다.

결국 23시 무렵 벤들러블록의 핵심 인물은 모두 체포되었고 자정이 조금 지나 보충군 사령관 '프리드리히 프롬 Friedrich Fromm'의 명령에 의해 총살되었다. 프롬은 히틀러 암살 계획을 알고 있으면서 적극 참여하지는 않고 기회를 살피다가 암살이 실패하자 자신의 연루 사실이 드러나지 않도록 하기 위해서 벤들러블록의 핵심 인물들을 즉결 처형했던 것이다.

1944년 7월 20일의 암살 시도와 발퀴레 작전의 실패로 관련자 600명 이상이 체포되었으며 100명 이상이 처형되었다. 나치는 이 사건 가담자들을 전쟁 상황에서 위기에 처한 국가를 배신한 반역자들이라고 비난했다.

나치가 패망한 후에도 그러한 비난은 어느 정도 영향력을 가졌으며 동독에서도 서독에서도 이 사건에 대한 단일한 여론은 형성되지 않았다. 1951년 서

---

* 발퀴레는 북유럽 신화에서 오딘을 섬기는 전쟁의 처녀들이다. 그들은 용감하게 싸우다 목숨을 잃은 명예로운 전사자를 오딘의 궁전으로 데려가는 역할을 한다. 바그너의 오페라 〈니벨룽엔의 반지 Der Ring des Nibelungen〉에도 등장하는 북유럽 신화의 발퀴레에서 명칭을 딴 발퀴레 작전은 제2차 세계대전 때 시민들이나 전쟁포로 또는 강제수용소 수감자들의 반란으로 소요 사태가 발생했을 때 보충군을 동원해서 진압하는 작전이었다. 1944년 7월 20일 히틀러 암살 계획의 지휘부는 발퀴레 작전을 역이용해서 친위대 등 히틀러 추종 세력을 진압함으로써 상황을 장악하려고 했었다. 1955년 독일에서 제작된 〈7월 20일〉을 비롯하여 이를 소재로 한 영화가 여러 편 있다. 국내에서 2009년에 개봉된 브라이언 싱어 감독, 톰 크루즈 주연의 〈작전명 발키리〉도 그중 하나이다.

독에서 실시된 설문조사에 따르면 응답자의 1/3은 이 사건에 대해서 아무런 의견이 없었고 1/3은 긍정적인 평가를 내렸으며 1/3은 비판적이었다.

다양한 계층의 수많은 사람들이 관련되어 있는 이 암살 계획의 동기를 간단하게 규정할 수는 없으나 오늘날의 역사가들은 주로 승산 없는 전쟁을 끝내기 위한 국익 차원의 시도로 평가한다.

독일 국방부는 히틀러 제거와 독재정권의 타도를 시도했던 그들을 기리는 의미에서 1999년 7월 20일 처음으로 연방군 신병 선서식을 벤들러블록에서 거행했다. 독재 권력에 대한 저항을 연방군의 중요한 전통으로 삼겠다는 의미에서 이루어진 행사였다.

특히 2009년 7월 20일 선서식에 참석한 연방 수상 '메르켈 Merkel'은 그들의 용감한 저항이 독일의 위신과 명예를 지켰다고 말했다. 베를린의 신병 선서식은 주로 벤들러블록 또는 연방의회 의사당 앞 '공화국 광장 Platz der Republik'에서 거행된다.

벤들러블록은 오늘날 '슈타우펜베르크슈트라세 Stauffenbergstraße' 18번지 일대의 복합건물을 가리킨다. 1914년부터 독일제국의 해군 사령부를 비롯하여 다양한 군 관련 관청으로 사용되었으며 나치 시대에는 이곳에 보충군 사령부와 일반육군청이 있었다. 슈타우펜베르크 대령은 보충군 참모장이었다.

벤들러블록이라는 명칭은 본래 '벤들러슈트라세 Bendlerstraße'였던 도로명에서 유래한 것이다. 1955년 7월 20일에 슈타우펜베르크 대령의 성을 따라 도로명이 슈타우펜베르크슈트라세로 개명되었지만 벤들러블록이라는 명칭은 여전히 사용되고 있다. 1993년 9월부터 벤들러블록은 국방부 제2청사와 부속 건물로 쓰이고 있다. 국방부 제1청사는 통독 이전의 수도 '본 Bonn'에 있다.

벤들러블록 슈타우펜베르크슈트라세 13번지 안마당에는 1944년 7월 20일의 히틀러 암살 시도 희생자들을 추모하는 조형물이 설치되어 있으며 국방부 제2청사 부속 건물의 일부는 나치 시대 독일의 모든 저항 기록을 전시하는 '독일 저항 기념관 Gedenkstätte Deutscher Widerstand'으로 사용되고 있다.

벤들러블록의 추모 조형물과 저항 기념관은 본래 1944년 7월 20일 히틀러 암살 작전에 참여했던 군인들, 특히 그곳에서 총살당한 '루트비히 벡 Ludwig Beck' 장군, '프리드리히 올브리히트 Friedrich Olbricht' 장군, '클라우스 쉥크 그라프 폰 슈타우펜베르크 Claus Schenk Graf von Stauffenberg' 대령, '알브레히트 리터 메르츠 폰 크비른하임 Albrecht Ritter Mertz von Quirnheim' 대령 그리고 '베르너 폰 헤프텐 Werner von Haeften' 중위를 기억하고 추모하기 위한 것이었다.

1952년 7월 20일 올브리히트의 부인 '에파 올브리히트 Eva Olbricht'가 추모 조형물 건립을 위한 초석을 놓았고 그로부터 1년 후인 1953년 7월 20일 조각가 사이베가 제작한 추모 조형물인 손이 묶인 나체 남자의 동상이 제막되었다. 동상 앞 바닥에는 예술사가 레트슬롭의 헌시가 새겨진 철판이 놓여 있다. 1962년 7월 20일에는 총살당한 군인들의 이름이 적힌 추모판이 설치되었다.

저항 기념관은 1968년 7월 20일 처음으로 문을 열었다. 그리고 나치 시대에 있었던 전 독일의 모든 저항 기록을 전시, 추모, 교육하는 전시와 추모 및 교육의 장으로 1989년 7월 20일 새롭게 확장 오픈했다. 2014년에 대대적인 내부 수리 작업을 통해 전시실을 현대적으로 단장하여 오늘에 이르고 있다.

슈타우펜베르크슈트라세 13번지 안마당. 중앙에 추모 동상, 그리고 왼쪽 벽에 추모판과 화환이 보인다. 주변의 건물은 국방부 제2청사 부속 건물이다. 왼쪽 건물의 일부는 저항 기념관으로 사용되고 있다.

그대들은 치욕을 참지 않았다. 그대들은 저항했다. 그대들은 자유와 정의와 명예를 위해
뜨거운 목숨을 바쳐 영원히 깨어 있는 위대한 전향의 표상이 되었다.

1944년 7월 20일 이곳에서 총살당한 5명의 이름이 적혀 있는 추모판

저항 기념관 입구

전시실로 올라가는 계단 벽에 걸린 저항가들의 사진. 오른쪽에 슈타우펜베르크 대령, 바로 그 왼쪽에 뮌헨
대학교의 저항 그룹 '백장미 Weiße Rose'의 단원이었던 한스 숄의 사진이 보인다.

48

왼쪽은 오빠 한스 숄과 함께 백장미 단원이었던 소피 숄. 오른쪽 역시 백장미 단원이었던 빌리 그라프.

가운데 맨 위가 루트비히 벡 장군이다. 위에서 두 번째 줄 오른쪽 끝이 알브레히트 리터 메르츠 폰 크비른하임 대령, 세 번째 줄 왼쪽에서 세 번째가 프리드리히 올브리히트 장군, 네 번째가 나치의 장애인 학살을 살인으로 규정하며 반대 강론을 했던 클레멘스 아우구스트 그라프 폰 갈렌 주교이다. 맨 아래가 베르너 폰 헤프텐 중위이다.

전시실 입구

전시실 내부

1939년 11월 8일 히틀러 암살에 실패하고 체포된 후 1945년 4월 9일 다하우 강제수용소에서 나치 친위대에 의해 살해된 '게오르크 엘저 Georg Elser'. 그는 시한폭탄을 직접 제작하여 정확하게 터뜨렸으나 히틀러가 평소보다 일찍 현장을 떠나는 바람에 목적을 달성하지 못했다. 히틀러식 경례를 거부했던 독일인인 그는 전쟁 방지와 유럽의 평화를 위해서 히틀러 암살을 시도했다고 진술했다. 어떤 조직 없이 단독으로 행동했던 그의 직업은 목수였으며 당시 36세였다.

슈타우펜베르크 대령과 크비른하임 대령

1944년 7월 20일 히틀러 암살과 나치 정권 전복 시도에 참여했던 이들

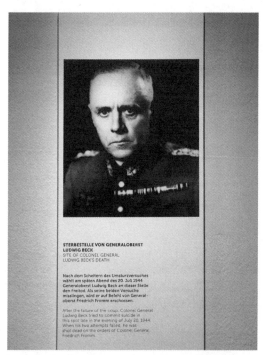

루트비히 벡 장군이 사망한 장소에 부착되어 있는 안내판. 그는 히틀러 암살 계획이 좌절된 후 과거에 자신의 부하였던 보충군 사령관 프롬에게 부탁하여 권총으로 자결할 수 있는 기회를 얻었으나 처음 시도에서는 찰과상, 두 번째 시도에서는 머리에 치명적이지 않은 상처를 입는 데 그쳐 결국 프롬의 명령에 따라 사살되었다.

Erste Aufgabe ist die Wiederherstellung der vollkommenen Majestät des Rechts. Die Regierung selbst muss darauf bedacht sein, jede Willkür zu vermeiden, sie muss sich daher einer geordneten Kontrolle durch das Volk unterstellen.

Zur Sicherung des Rechts und des Anstandes gehört die anständige Behandlung aller Menschen.

Das Recht wird jedem gegenüber, der es verletzt hat, durchgesetzt. Alle Rechtsbrecher werden der verdienten Strafe zugeführt.

Die Judenverfolgung, die sich in den unmenschlichsten und unbarmherzigsten, tief beschämenden und garnicht wieder gutzumachenden Formen vollzogen hat, ist sofort eingestellt.

Es ist ein grober Irrtum, anzunehmen, dass es einer Regierung gestattet sei, das Volk durch Lüge für ihre Ziele zu gewinnen.

Die Presse soll wieder frei sein.

Die zerbrochene Freiheit des Geistes, des Gewissens, des Glaubens und der Meinung wird wieder hergestellt.

Die Konzentrationslager werden aufgelöst, die Unschuldigen entlassen, Schuldige dem ordentlichen gerichtlichen Verfahren zugeführt werden.

Aus der für den 20. Juli 1944 geplanten Regierungserklärung

첫 번째 과제는 법의 완전한 존엄성을 다시 회복하는 것이다. 정부 스스로 모든 전횡을 방지하도록 주의해야 한다. 그러므로 정부는 국민에 의한 체계적인 통제 아래 있어야 한다.

모든 사람을 예의 바르게 대하는 것이 법과 예의를 확고히 하는 것이다.

법은 그것을 위반한 모든 사람에게 집행된다. 모든 범법자들은 그에 합당한 처벌을 받아야 한다.

가장 비인간적인, 가장 무자비한, 심히 수치스러운 그리고 결코 돌이킬 수 없는 방식으로 자행되었던 유대인 박해는 즉시 중단되었다.

정권의 목적을 위해 거짓말을 해서 국민의 지지를 얻는 것이 허용된다는 생각은 중대한 잘못이다.

언론은 다시 자유로워져야 한다.

정신과 양심과 신앙 그리고 여론의 파괴된 자유는 다시 회복된다.

강제수용소는 해체되고 죄 없는 사람들은 풀려나고 죄 있는 사람들은 정식으로 재판에 회부된다.

1944년 7월 20일 계획되었던 정부 성명에서

1944년 7월 20일을 추모하며

이곳에
클라우스 솅크 그라프 폰 슈타우펜베르크
루트비히 벡
프리드리히 올브리히트
알브레히트 메르츠 폰 크비른하임
베르너 폰 헤프텐이
매장되었다.
그다음에 그들의 시신은 알 수 없는 곳으로 옮겨졌다.

벤들러블록에서 보충군 사령관 프롬의 명령에 의해 총살당한 5명이 매장되었던 장소인 베를린 '알
터 성 마테우스 교회묘지 Alter St.-Matthäus-Kirchhof'에 있는 묘비. 매장 다음날 나치 친위대장
'하인리히 힘러 Heinrich Himmler'가 시신을 파내어 불에 태운 다음 재를 들판에 버리도록 했다.
묘비 앞에 놓인 황토색 표지석은 이 묘가 '명예의 묘 Ehrengrab'라는 표시이다. 명예의 묘는 묘지
법에 따라 지정되는 묘이다. 묘지법은 주에 따라서 약간의 차이는 있지만 대체로 비슷하다. 베를린
의 묘지법 제12조 6항에는 '특별한 공적이 있거나 대중들의 지속적인 추모의 대상이 되는 인물의
묘'를 베를린주가 명예의 묘로 인정할 수 있다고 규정되어 있다. 베를린에는 200여 개의 묘지가 있
으며 그중 약 80개의 묘지에 800여 개의 명예의 묘가 있다.

[] 백장미 []

'백장미 Weiße Rose'는 '한스 숄 Hans Scholl', '알렉산더 슈모렐 Alexander Schmorell', '빌리 그라프 Willi Graf', 한스 숄의 여동생 '소피 숄 Sophie Scholl' 등 뮌헨 대학생을 중심으로 나치에 저항하는 활동을 했던 단체이다.

숄 남매는 1943년 2월 18일 뮌헨 대학교 본부 건물에서 나치에 반대하는 전단지를 뿌리다가 붙잡혀서 나흘 후인 2월 22일 사형 선고를 받고 당일 처형되었다. 빌리 그라프도 1943년 2월 18일 체포되어 10월 12일 처형되었다. 알렉산더 슈모렐은 1943년 2월 24일 체포되어 7월 13일 처형되었다. 나치에 반대하며 백장미 활동에 동참했던 뮌헨 대학교 '쿠르트 후버 Kurt Huber' 교수도 1943년 7월 13일 알렉산더 슈모렐과 함께 처형되었다.

뮌헨 대학교 본부 건물에는 백장미 단원들의 활동을 전시하고 기념하는 백장미 기념관이 있다.

백장미 기념관

뮌헨 대학교 본부 건물 앞 광장 바닥 곳곳에는 백장미 단원들이 뿌렸던 전단지를 형상화한 조형물이 설치되어 있다.

6. 반제 회의의 집

'반제 Wannsee'는 '하펠 Havel'강과 '그로서 반제 Großer Wannsee', '클라이너 반제 Kleiner Wannsee' 등의 호수로 둘러싸인 베를린 남서쪽 끝에 위치한 지역이다. 반제의 중심지는 과거에는 섬이었으나 지금은 5개의 다리로 연결되어 있다.

호수 '그로서 반제'의 서쪽에는 '반제 회의 Wannsee-Konferenz'가 열렸던 건물이 보존되어 있다. 1914~1915년에 사업가 에른스트 말리어의 저택으로 건축되었던 이 건물의 현재 공식 명칭은 '반제 회의의 집 Haus der Wannsee-Konferenz'이다.

1942년 1월 20일 조찬 회동 형식으로 개최되었던 반제 회의는 유대인 말살을 최종 결정했던 회의로서 나치 고위직 15명이 참석했다. 유대인 담당 분과의 책임자였던 '아돌프 아이히만 Adolf Eichmann'이 회의록을 작성했고 대독일제국원수 '헤르만 괴링 Hermann Göring'*의 위임을 받은 보안대장 '라인하르트 하이드리히 Reinhard Heydrich'**가 회의를 주재했다.

회의는 화기애애하게 진행되었고 토론 같은 것은 없었다. 전 유럽의 모든 유대인들을 절멸시킨다는 계획을 하이드리히가 공식적으로 발표했고 그 계획은 아무런 이의 제기 없이 결정되었다. 나치는 유대인 학살을 살인이 아

---

* '대독일제국원수 Reichsmarschall des Großdeutschen Reiches'는 나치 국방군의 최고 계급으로서 히틀러가 절대적으로 신임했던 괴링을 위하여 1940년에 신설한 것이다. 괴링은 뉘른베르크 재판에서 사형을 선고받고 형이 집행되기 전 1946년 10월 15일 음독 자살했다.

** 라인하르트 하이드리히는 나치 정권의 핵심 인물로서 유대인 학살을 주도했으며 1942년 6월 프라하에서 암살당했다. 우리나라에 〈새벽의 7인〉이라는 제목으로 1979년에 개봉되었던 루이스 길버트 감독의 영화는 그 암살 사건을 다룬 것이다. 2016년에 개봉된 숀 엘리스 감독의 영화 〈앤트로포이드〉는 〈새벽의 7인〉을 리메이크한 것이다.

니라 행정 조치로 취급했으며 그것을 '유대인 문제의 최종 해결 Endlösung der Judenfrage'이라고 표현했다.

반제 회의 50주년의 하루 전날인 1992년 1월 19일에 문을 연 반제 회의의 집은 나치에 희생된 유대인들에 대한 추모와 역사 교육의 장소로 사용되고 있다. 15개 상설 전시실에는 인종차별과 유대인에 대한 적대감의 형성, 전쟁, 게토, 유대인 학살, 강제수용소, 강제노동, 반제 회의 등에 관한 사진과 각종 자료들이 주제별로 전시되어 있다.

반제 회의의 집

반제 회의의 집 입구 벽에 부착된 안내판

이 집에서 1942년 1월에 그 악명 높은 반제 회의가 개최되었다.
나치의 폭정에 목숨을 잃은 유대인들을 추모한다.

1층 로비. 테이블 위에 15개 상설 전시실의 주제별 구성에 관한 설명이 있다. 왼쪽 벽의 독일어는 '반제 회의와 유럽 유대인 민족학살'이라는 뜻이다. 창 밖으로 호수 '그로서 반제'가 보인다.

반제 회의 참석자들 15명

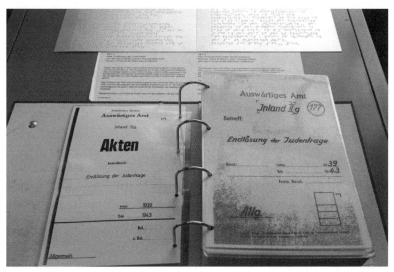

반제 회의 당시의 서류들

1961년 예루살렘에서 열렸던 재판에서 아이히만이 진술했던 내용의 녹취록도 전시되어 있다. 그의 육성을 들을 수 있는 음향 장치도 준비되어 있다.

역사 교육을 위한 학생들의 단체 관람

나치 치하의 유대인 생존자 또는 나치와 직간접적으로 관련 있는 사람들이 한 말을 기록하여 전시
해 놓은 공간

Es dauerte mindestens sechs Monate nach meiner Befreiung, bis ich sagen konnte, ›Ja ich bin frei‹. Ich trug andere Kleidung. Mein Haar war wieder gewachsen. Ich hatte keinen Hunger mehr. Aber ich traute niemandem.
Alfred Silberstein, geb. 1927, Überlebende der Lager Auschwitz und Mittelbau-Dora

It was at least six months after I was liberated before I could say, 'Yes I am free'. I wore different clothing. I got my hair back. I wasn't hungry. But I didn't trust anybody.
Alfred Silberstein, born 1927, survived the camps at Auschwitz and Mittelbau-Dora

ALFRED SILBERSTEIN

내가 "그래 나는 자유롭다"라고 말할 수 있을 때까지 해방 후 최소한 6개월이 걸렸다. 나는 다른 옷을 입었다. 머리털은 다시 자랐다. 나는 굶주리지 않았다. 그러나 나는 아무도 믿지 않았다.
알프레트 실버슈타인, 1927년생, 아우슈비츠와 미텔바우-도라 수용소 생존자

Als ich fünfzehn war, fragte einer meiner Mitschüler im Geschichtsunterricht plötzlich, ob ich eigentlich ›mit dem Himmler‹ verwandt sei. Ich bejahte, mit einem Kloß im Hals. Es war mucksmäuschenstill in der Klasse. Alle waren hellwach und gespannt. Die Lehrerin aber wurde nervös und machte weiter, als sei nichts geschehen. Sie verpasste eine Chance, begreiflich zu machen, was uns, die Nachgeborenen, mit diesen ›alten Geschichten‹ überhaupt noch verbindet.
Katrin Himmler, geb. 1967, Großnichte von Heinrich Himmler

When I was fifteen, one of my classmates asked me in the history lesson whether I was in fact related 'to that Himmler'. I said yes with a lump in my throat. It went so quiet in the classroom you could hear a pin drop. They were all alert and curious. But the teacher became nervous and carried on as if nothing had happened. She missed the chance to make us understand just what continues to link us, the descendants, with these 'old stories'.
Katrin Himmler, born 1967, Heinrich Himmler's great-niece

Katrin Himmler

열다섯 살 때 역사 수업시간에 남학생 한 명이 갑자기 내가 '그 힘러'와 친척이냐고 물었다. 나는 목이 탁 막히는 듯한 느낌을 받으며 그렇다고 대답했다. 교실은 쥐 죽은 듯 조용했다. 모두 정신을 바짝 차리고 긴장했다. 그러나 여선생님은 신경질적인 반응을 보이며 마치 아무 일도 없었던 것처럼 수업을 진행했다. 그 선생님은 우리 후세들을 그 '옛날이야기들'과 지금도 결부시키는 것이 무엇인지를 설명할 수 있는 기회를 잃었다.
카트린 힘러, 1967년생, [나치 친위대장이었던] 하인리히 힘러의 종손녀

Ich weiß es nicht, manchmal versuche ich nicht darüber nachzudenken, woran mein Vater teilgenommen haben kann.
Gunter Demnig, geb. 1947, Sohn eines Angehörigen der Wehrmacht

I don't know, sometimes I try not to think about what my father could have been part of.
Gunter Demnig, born 1947, son of a Wehrmacht soldier

Gunter Demnig

모르겠다. 가끔 나는 나의 아버지가 어떤 일에 참여했을 가능성에 대해서 깊이 생각하지 않으려 한다.
군터 뎀니히, 1947년생, 나치 국방군의 아들

군터 뎀니히는 걸림돌 프로젝트로 널리 알려진 예술가이다.

[] 우리가 결코 잊어서는 안 될 참혹한 곳들 []

'비텐베르크플라츠 Wittenbergplatz' 지하철역과 '카이저-빌헬름-플라츠 Kaiser-Wilhelm-Platz'에는 1967년에 설치된 '우리가 결코 잊어서는 안 될 참혹한 곳들 Orte des Schreckens, die wir niemals vergessen dürfen'이라는 제목의 표지판이 세워져 있다.

두 군데에 같은 형태로 설치되어 있는 이 표지판에는 아우슈비츠를 비롯한 강제수용소의 지명이 표기되어 있다. 처음에는 10개 지명만 있었으나 1995년 4월에 '트로스테네츠 Trostenez'와 '플로센뷔르크 Flossenbürg'가 추가되어 12개 지명이 되었다.

각 수용소와 그곳에서 목숨을 잃은 대략의 인원수는 다음과 같다.

Auschwitz 1,000,000, Stutthof 65,000, Maidanek 78,000, Treblinka 1,000,000, Theresienstadt 34,000, Buchenwald 56,000, Dachau 41,500, Sachsenhausen 15,000, Ravensbrück 28,000, Bergen-Belsen 50,000, Trostenez 207,000, Flossenbürg 100,000.

비텐베르크플라츠 지하철역

카이저-빌헬름-플라츠

7. 걸림돌

'걸림돌 Stolpersteine'은 베를린 출신의 예술가 '군터 뎀니히 Gunter Demnig'가 진행하고 있는 나치 시대 희생자들을 추모하기 위한 프로젝트이다. 콘크리트로 되어 있는 걸림돌은 가로세로 각각 9.6cm, 높이 10cm 크기의 형태이며 희생자가 나치에 끌려가기 직전에 거주했던 건물 앞의 보도에 (도시계획 등으로 인해 그 건물이 없어졌을 때는 있던 곳에) 설치된다. 걸림돌의 표면은 동판으로 되어 있으며 희생자의 이름과 출생 및 사망 연도, 사망 경위 등이 간략하게 기록되어 있다.

1942년 12월 16일 나치의 친위대장 '하인리히 힘러 Heinrich Himmler'는 소수민족인 집시의 말살을 위해 독일에 있는 집시들을 아우슈비츠 수용소로 강제 이송할 것을 지시했다. '아우슈비츠─명령 Auschwitz-Erlass'이라고 불리는 그 명령 50주년을 맞아 1992년 12월 16일 군터 뎀니히는 쾰른 시청 앞 보도에 그 명령의 내용이 새겨진 걸림돌을 설치했다.

이를 계기로 군터 뎀니히는 나치 시대 유럽의 모든 희생자들을 위한 걸림돌 설치 프로젝트를 구상하게 되었다. 그리고 1995년 1월 4일 쾰른에 몇 개의 걸림돌을 설치한 것을 시작으로 1996년 5월에는 베를린에도 걸림돌을 설치했고 1997년 7월에는 오스트리아에도 설치했다. 그렇게 해서 점차 그의 걸림돌 설치 작업은 유대인, 집시, 동성애자, 여호와의 증인 등 나치에 희생된 모든 사람들을 추모하며 기억하기 위한 유럽 프로젝트로 발전했다.

2015년 12월 현재 독일과 오스트리아, 네덜란드, 이탈리아, 헝가리, 체코, 프랑스 등 20개 유럽 국가의 12,000여 도시에 약 56,000개의 걸림돌이 설치되어 있다. 베를린에는 2016년 5월 3일 현재 6,698개의 걸림돌이 설치되어 있다.

그러나 걸림돌 프로젝트에 대해서 우호적인 여론만 있는 것은 아니었다. 가장 강력한 반대자는 '샤로테 크노블로흐 Charlotte Knobloch'였다. 뮌헨과 오버바이에른 이스라엘 종교 공동체 의장인 그녀는 희생자의 이름을 새긴 돌을 길에 설치해 놓고 사람들이 밟고 지나가게 하는 것은 참을 수 없는 일이며 그것을 지지하는 사람들은 유대인 말살 범죄자의 후계자들이라고 격렬하게 비난했다.

그녀의 이러한 비난에 동의하는 다수 의견에 따라 뮌헨에서는 공공 도로에 설치되어 있던 걸림돌은 제거되었고 현재 사유지에만 설치되어 있다. 다른 도시에서도 유대인 공동체 또는 시 당국의 반대로 걸림돌 설치에 어려움을 겪는 경우가 있다. 그리고 극우파들에 의해 걸림돌이 훼손되는 사례도 있다.

그뿐만 아니라 걸림돌 앞의 집에 거주하는 주민 또는 건물 소유주가 극우파들에 대한 우려 또는 부동산 가치의 하락 등을 이유로 걸림돌 제거를 원하는 경우도 있다. 실제로 슈투트가르트의 어느 부부는 집 앞에 있는 걸림돌 제거를 위한 소송을 제기했고 2011년 9월 슈투트가르트 지방법원은 걸림돌이 재산권 침해 또는 부동산 가치의 하락에 영향을 주지 않으므로 제거되지 않아도 된다는 판결을 내렸다.

군터 뎀니히의 걸림돌 프로젝트와 별개로 유사한 형태의 추모석 설치 작업이 독일은 물론 오스트리아, 이탈리아, 네덜란드 등지에서 이루어지는 경우도 있다. 예를 들면 빈에서는 2005년부터 나치 희생자들을 위한 추모석 설치 작업을 진행하면서 '기억의 돌 Steine der Erinnerung'이라는 명칭을 사용하고 있다. 군터 뎀니히는 이를 표절이라고 비난했다. 그는 '걸림돌 Stolpersteine'이라는 용어를 2006년 독일 특허청에, 그리고 2013년 유럽 지적재산권청에 문자상표 등록을 했다.

걸림돌은 어느 특정한 장소에 조형물을 설치해 놓고 특정한 날에 헌화하고 추모하는 방식과는 전혀 다른 방식이다. 강제수용소에서 번호로 불리던 희생자들의 이름이 새겨진 돌을 희생자들이 끌려가기 직전에 살았던 곳의 보도에 설치함으로써 그들의 이름을 본래 살던 곳에 되돌려 놓는 의미가 있다고 군터 뎀니히는 설명한다.

그리고 돌의 명칭은 걸림돌이지만 땅에 묻어 표면만 보이도록 설치하기 때문에 실제로 보행자가 그 돌에 발이 걸려 넘어지는 일은 발생하지 않는다. 군터 뎀니히에 따르면 걸림돌은 보행자의 발이 아니라 머리와 마음에 작용한다. 걸림돌에 기록된 역사적 사실을 잊지 않도록 상기시켜 준다는 의미이다. 즉 걸림돌은 망각을 저지하는 돌, 망각의 걸림돌이다.

베를린 알렉산더플라츠에 설치되어 있는 이 걸림돌은 비사회적이며 일하기 싫어한다는 이유로 강제수용소로 끌려가 목숨을 잃은 노숙자들을 위한 최초의 걸림돌이다. 2016년 4월 21일 설치되었다. 이곳은 과거에 저렴한 가격으로 노숙자들에게도 인기가 있었던 레스토랑이 있던 곳이다.

베를린 그루네발트 지역의 '비스만슈트라세 Wissmannstraße' 17번지 건물 입구에 있는 걸림돌.
귄터 담만을 위한 걸림돌로 2010년 10월 4일에 설치되었으며 베를린의 1,000번째 걸림돌이다.

이곳에
귄터 담만
'로버티니'가 살았다.
1910년생
1942년 9월 5일 끌려감
리가
1942년 9월 8일 피살

귄터 담만은 유대인 마술사였으며 '로버티니'라는 이름으로 불렸다. 그는 1942년 9월 5일 리가 강
제수용소로 끌려가서 그곳에서 사흘만에 목숨을 잃었다.

[] 알렉산더플라츠 []

베를린 사람들이 흔히 '알렉스 Alex'라고 부르는 '알렉산더플라츠 Alexander-platz'는 1805년 당시 러시아 제국의 황제 알렉산더 1세의 베를린 방문을 계기로 그의 이름을 따서 명명된 광장이다. 독일어로 '플라츠'는 '광장'이라는 뜻이다. 19세기 중반까지 이곳은 군사 퍼레이드 또는 연병장으로 사용되던 광장이었다.

도시계획에 따라 1930년대 초에 광장이 새롭게 조성되고 그 주변에 건물들이 지어졌으나 대부분 제2차 세계대전 때 파괴되었다. 동베를린 당국은 '베롤리나하우스 Berolinahaus'와 '알렉산더하우스 Alexanderhaus'를 제외한 나머지는 모두 철거했다.

베롤리나하우스는 1929~1931년에, 알렉산더하우스는 1930~1932년에 건축된 건물이다. 두 건물도 폭격으로 심하게 파괴되었지만 튼튼한 철근 콘크리트 구조 덕분에 골격을 유지할 수 있었고 수차례 복구와 보수를 거듭하여 현재의 모습을 갖게 되었다. 둘 다 기념물로 보호되고 있다.

알렉산더하우스에는 '슈파르카세 Sparkasse' 은행이 자리 잡고 있고 베롤리나하우스에 둥지를 틀고 있는 대표적인 업체는 1841년에 네덜란드에서 '클레멘스 Clemens'와 '아우구스트 August' 형제가 창립한 의류회사 C&A의 지점이다. 이 지점은 C&A 독일 최대의 지점이다. 23개 국가에 2,000여 지점을 갖고 있는 C&A는 창립자인 형제의 이름 첫 글자를 따서 명명된 것이다. 물론 알렉산더하우스와 베롤리나하우스에는 그밖에도 수많은 사무실과 상점들이 입주해 있다.

알렉산더플라츠는 1960년대에 보행자 구역으로 지정되었고 약 80,000m² 넓이로 확장되었으며 오늘날의 '파크 인 Park Inn' 호텔과 '갈레리아 카우프호프 Galeria Kaufhof' 백화점이 1967~1970년에 건축되었다.

알렉산더플라츠는 관광객들은 물론이고 베를린 사람들을 포함하여 하루 평균 36만 명 이상이 찾는 곳이다. 독일에서 가장 높은 구조물인 368m 높이의 텔레비전 송신탑, 베를린의 역사적 중심인 니콜라이 지역, 1860년대에 건축된 유서 깊은 시청 건물, 대규모의 백화점과 쇼핑센터 등 사람들의 발길을 끄는 여러 가지 요인이 광장 또는 인근에 있다. 교통이 편리함은 물론이다.

그러나 알렉산더플라츠가 낮이나 밤이나 독일인, 외국인, 남녀노소를 불문하고 사람들로 항상 붐비는 가장 큰 이유는 이곳이 갖는 특유의 활력 덕분이다. 그리고 그 활력은 그러한 붐빔의 원인인 동시에 결과이기도 하다.

왼쪽 건물이 알렉산더하우스이고 오른쪽 건물이 베롤리나하우스이다.

왼쪽 알렉산더하우스, 오른쪽 베롤리나하우스, 그리고 만국시계와 알렉산더플라츠 역, 텔레비전 송
신탑이 보인다.

8. 제국의회/연방의회

'연방의회 Bundestag' 건물은 1871년 독일제국 수립 후 의회 건물의 필요에 따라 1884~1894년에 건축된 것으로서 당시의 명칭인 '제국의회 Reichstag' 건물이라고도 불린다.

이 건물은 1918년 11월 9일 바이마르 공화국 성립 후에는 바이마르 공화국 의회 건물로 사용되었다. 바이마르 공화국은 1933년 1월 30일 히틀러가 수상에 취임함에 따라 종말을 고했고 의회는 1933년 2월 1일 해산되었다. 히틀러가 패망하고 동서독 분단의 시대에 이 건물은 베를린 장벽에 근접한 영국의 점령지역에 속해 있었다.

1990년 10월 3일 통일이 이루어지고 바로 다음 날인 10월 4일 통일 독일의 연방의회 첫 회의가 이 건물에서 열렸다. 그리고 1991년 6월 20일 서독의 수도였던 '본 Bonn'에서 열린 연방의회 회의에서 연방의회의 소재지가 베를린으로 의결됨에 따라 이 건물은 대대적인 개축 공사를 거쳐 1999년 4월부터 공식적인 연방의회 건물로 사용되기 시작했다.

이 건물 앞에는 나치에 목숨을 잃은 바이마르 공화국 의원 96명을 추모하는 조형물이 설치되어 있다. 가로 120cm, 높이 60cm 크기의 철판 96개로 구성된 이 조형물에는 희생당한 남자 의원 90명과 여자 의원 6명의 이름과 소속 정당, 생몰연대, 사망장소 등이 새겨져 있다. 이들 대부분은 강제수용소 또는 감옥에서 사망했다. 이 추모 조형물은 1992년에 설치되었다.

연방의회 건물 옥상에는 반구 형태의 구조물이 있다. 이 구조물은 2010년 11월까지는 자유롭게 구경할 수 있었으며 하루 평균 8,000명의 방문객을 맞이했었다. 그러나 테러 방지를 위해 보안검색을 강화하고 방문을 위한 사전

예약제를 실시한 2010년 12월 이후로 방문객 수는 대폭 줄었다.

연방의회 방문은 옥상의 반구 형태 구조물만 구경할 경우에는 매일 8시부터 22시까지 15분 간격으로 입장할 수 있다. 물론 사전에 방문 신청을 해야 한다. 안내를 받아서 설명을 들으며 의회 건물 곳곳을 두루 구경하고 싶을 때는 역사, 예술과 건축 등 주제에 따라 마련된 별도의 안내 일정에 맞추어 방문 신청을 해야 한다. 외국인을 위해 영어, 프랑스어, 이탈리아어, 스페인어, 러시아어 등으로 진행되는 안내 프로그램도 있다.

방문 신청은 인터넷으로 이루어지며 사전 예약을 하지 않은 경우에는 해당 프로그램의 지정된 입장 시간 두 시간 전에 현장에서 방문 신청을 할 수 있다.

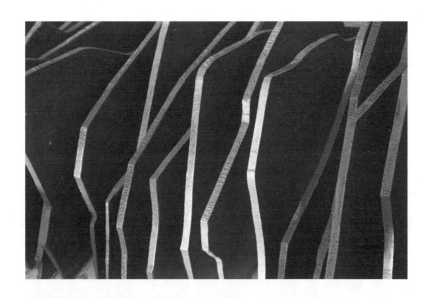

나치에 목숨을 잃은 96명의 바이마르 공화국 제국의회 의원을 추모하기 위해서 시민 단체 '전망 베를린' 이 이 조형물을 설치했다. 독일노동조합연맹, 티어가르텐 구청, 문화 분과 상원의원 그리고 수많은 시민 들의 지원을 받았다.

설계: 교수 디터 아펠트

살해당하고 박해당한 바이마르 공화국 제국의회 의원을 위한 추모 장소는 제국의회 건물 내부에 마련 되어 있다.

연방의회 본회의장. 방청석에 앉아 있는 사람들은 안내 프로그램에 참가한 방문객들로서 안내자의 설명을 듣고 있다.

본회의장 천장. 이 천장을 통해 본회의장의 채광과 환풍이 가능하도록 설계되어 있다. 옥상의 반구 형태 구조물이 보인다.

연방의회 옥상의 이 반구 형태 구조물은 직경 38m, 높이 23.5m 규모이며 세로 24개, 가로 17개의 철골, 그리고 유리로 구성되어 있다. 전체 철골의 무게는 약 800톤이다. 전체 유리의 면적은 약 3,000m²이며 무게는 약 240톤에 달한다.

안쪽에 있는 약 1.8m 폭의 나선형 통로를 따라 지상 47m 높이의 꼭대기 전망대까지 오르내릴 수 있다. 올라가는 통로와 내려오는 통로가 반대 방향으로 분리되어 있어서 방문객들이 많을 때에도 혼잡을 피할 수 있다.

반구 형태의 구조물 내부 중앙에는 독일 의회의 역사가 글과 사진으로 설명되어 있다.

1919년부터 1999년까지의 제국의회/연방의회 의원 이름이 쓰인 상자 모양의 조형물. 나치에 목숨을 잃은 의원의 이름에는 검은 줄로 표시가 되어 있다. 독일 민주주의의 전통을 상징한다. 건물 지하에 설치되어 있다.

1층 의원 휴게실에 마련되어 있는 나치에 희생당한 바이마르 공화국 의원들을 추모하는 공간. 전면에 있는 대형 사진은 프라하 출생의 예술가 카타리나 지베르딩의 작품이다. 제국의회 건물 화재 사건과 독일 민주주의의 불사조 같은 재탄생을 상징한다. 앞에 있는 3개의 테이블에는 나치에 희생당한 의원들의 이름과 생물연대 및 간단한 약력이 기록된 명부가 놓여 있다. 오른쪽 벽에는 그들을 추모하는 동판이 부착되어 있다.

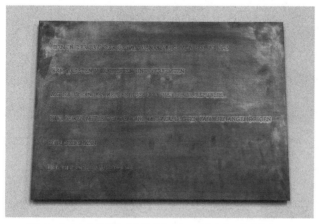

1933년부터 1945년까지 독재의 시대에 살해당하고 박해당하고 배척당한
바이마르 공화국 제국의회 의원들 그리고 함께 고통받고 박해당한 가족들을 추모하며
독일 연방의회

[] 제국의회 화재 []

제국의회 건물은 1933년 2월 27일 밤 불에 탔다. 그 불은 방화에 의한 것이었다. 현장에서 체포된 범인은 24세의 네덜란드 노동자 루베였다. 루베는 1933년 12월 23일 사형 선고를 받았고 1934년 1월 10일 사형이 집행되었다.

당시의 화재 상황은 매우 모호했다. 그러나 정치적 결과는 분명했다. 나치는 방화를 공산주의자들의 공모로 단정하여 화재 당일 저녁에 벌써 공산당의 간행물 발행 금지를 지시했고 공산당 의원들과 당직자들 다수를 체포했다. 베를린에서만 1,500여 명의 공산당원들이 체포되었다.

그리고 나치는 바로 다음 날인 1933년 2월 28일 '민족과 국가 보호를 위한 대통령령'을 공포하여 바이마르 헌법의 기본권을 사실상 폐기함으로써 정치적인 적들을 탄압할 수 있는 합법적인 길을 열었다. 그것은 1933년 2월 4일 발효된 언론과 집회의 자유를 제한하는 '독일국민 보호를 위한 대통령령' 그리고 1933년 3월 24일 발효된, 입법권을 히틀러에게 완전히 이양하는 '수권법'과 더불어 나치의 독재를 위한 결정적인 조치였으며 동시에 법치국가의 종말을 뜻했다.

나치의 본격적인 독재에 따라 감옥은 끌려온 정치적 반대자들로 곧 가득 찼지만 날마다 새로운 수감자들이 계속 늘어나서 임시수용소에 수감할 수밖에 없었다. 1933년 5월 중순까지 프로이센에서만 10만 명 이상의 정적들이 체포되어 임시수용소로 끌려갔다. 그것이 나치 시대 강제수용소의 시작이었다.

오늘날 제국의회 화재 사건에 대해서는 나치가 방화를 실제로 공산주의자들의 소행으로 믿고 그들을 탄압할 기회로 이용했다는 견해와 나치가 정적 탄압을 위한 구실을 만들기 위해 방화를 주도했다는 견해, 현장에서 체포된 루베의 단독 범행이었는데 우연히 나치의 권력 확장에 도움이 되었다는 견해 등 여러 설이 있다.

루베에 대한 사형 관결은 1998년에 제정된 '나치의 부당한 관결을 파기하는 법'에 따라 2007년 12월 6일 최종적으로 파기되었다.

9. 나치의 분서

단치히와 오스트리아를 포함한 모든 독일 대학 학생회의 상부 조직인 '독일 대학생연합회 Deutsche Studentenschaft'는 1919년 7월에 독일 뷔르츠부르크에서 결성되었다. 초기에는 학생들의 복지를 위한 민주적인 단체였으나 1920년대 초부터 공화주의를 지지하는 소수와 국수주의적인 다수 사이에 내부적인 투쟁이 시작되었고, 1931년 7월 오스트리아 그라츠에서 열린 제14차 총회에서 나치 당원이며 '나치독일대학생연맹 Nationalsozialistischer Deutscher Studentenbund'에 소속된 인물이 처음으로 회장으로 선출되면서 독일대학생연합회는 나치의 프로파간다에 앞장서기 시작했다.

독일대학생연합회는 1933년 4월 6일 회람을 통해 대학생들에게 4주 동안의 '비독일적인 정신에 반대하는 활동 Aktion wider den undeutschen Geist'에 참가할 것을 요구하면서 4월 12일 '비독일적인 정신에 반대하는 12개 강령' 발표를 시작으로 5월 10일 분서에 이르기까지의 구체적인 계획을 공지했다. 그러한 일련의 활동을 통해 독일대학생연합회 집행부는 나치를 위해 대학생들을 동원할 수 있다는 것을 입증하려고 했다. 나치의 정신적인 돌격대를 자임하는 것이었다.

각 대학의 게시판과 신문, 전단지 살포 등을 통해서 널리 홍보되었던 비독일적인 정신에 반대하는 12개 강령은 주로 독일어의 순수성 보존을 강조하면서 유대인을 가장 위험한 적으로 간주하는 내용이었다. 이를테면 유대인들의 저술은 히브리어로 출간되어야 하며 독일어로 출간할 때는 번역이라는 표시를 해야 한다고 주장했다. 독일어 저술은 독일인들만 할 수 있으며 유대인들이 이를 남용하는 것에 강력하게 대응해야 한다는 것이다. 결국 비독일적인 정신에 반대하는 12개 강령에서 뜻하는 비독일적인 정신은 유대인들의 정신을 가리키는 것이었다.

비독일적인 정신의 도서는 근절되어야 한다는 의미에서 독일대학생연합회는 불에 태워야 할 책들을 교수들의 도움을 받아 수집했다. 대학생들의 개인 소장 도서는 물론이고 학교와 연구소, 공공 도서관과 서점의 책들도 모두 수색의 대상이 되었다. 도서 선별 작업의 기준은 나치의 도서 정책을 적극 지지했던 볼프강 헤르만이 작성한 블랙리스트였다.

당시 29세의 사서 볼프강 헤르만은 독일대학생연합회의 의뢰에 따라 1933년 3월 26일 처음으로 블랙리스트를 작성했다. 그의 블랙리스트는 계속 보완되어 1933년 5월 10일 분서를 위한 선별 작업의 기준이 되었으며 5월 16일에는 서점 및 출판계 소식지를 통해 공표되었다. 이에 따라 각 서점 및 출판 관련 단체들은 목록에 실린 도서의 근절을 위한 조치를 취했다.

문학, 역사, 예술, 정치 등 분야별로 제시되었던 금서 목록은 계속해서 보완되고 확대되어 1년 후에는 3,000종 이상의 도서가 금지되었으며 1935년부터 정기적으로 발간되었던 '해롭고 바람직하지 않은 저술 목록'에는 12,400종의 도서를 비롯해 인도주의, 민주주의, 공산주의, 사회주의 성향을 가졌거나 유대인 저자 149명의 모든 저술이 금서로 등재되었다.

비독일적인 정신에 반대하는 활동의 정점을 이루었던 분서 행위는 1933년 5월 10일 베를린을 비롯하여 본, 브레멘, 프랑크푸르트, 뮌헨, 드레스덴, 뷔르츠부르크 등 독일의 21개 대학 도시에서 동시에 진행되었다. 베를린의 분서는 라디오로 중계되었으며 다른 지역의 분서도 모두 언론에 보도되었다.

1933년 5월 10일의 분서는 저녁 8시 30분부터 10시 사이에 각 대학의 강당에서 독일대학생연합회가 비독일적인 정신에 반대하는 활동으로서의 분서 개시를 선포하고 횃불 행진을 하면서 책을 소달구지에 실어 불에 태울 장소로 옮긴 다음, 11시부터 자정 사이에 불에 태우는 순서로 진행되었다.

분서 행사에는 각 대학의 교수들도 참가하여 선동 연설을 했다. 특히 베를린에서는 나치 돌격대와 친위대도 참가한 가운데 나치 선전장관 괴벨스가 자정 무렵 현장에 나타나 행사의 마지막을 장식하는 연설을 했다. 현지 사정으로 인해 6월 24일 실시되었던 프라이부르크 대학의 분서에서는 당시 신임 총장이었던 하이데거가 지지 연설을 했다.

베를린에서는 하이네, 카프카, 마르크스, 아인슈타인, 브레히트, 프로이트, 케스트너 등 94명 저자의 책 약 25,000권이 불에 태워졌다.

학생들은 책을 불에 던지면서 구호를 외쳤는데, 예를 들면 프로이트의 책을 던질 때는 "본능에 대한 영혼 파괴적인 과대 평가에 반대하며, 인간 영혼의 고귀함을 위하여! 나는 지그문트 프로이트의 저술을 불에 던진다!"라고 외쳤다. 구호는 저자에 따라 달랐다. 그러한 형식의 구호는 독일대학생연합회가 회람을 통해 분서 하루 전인 5월 9일에 미리 공지한 것이었다.

책을 불에 태우는 행사는 1933년 5월 10일 지역에 따라 쏟아진 비로 인해 일부 도시에서는 연기되어 함부르크에서는 5월 15일에, 하이델베르크와 쾰른에서는 5월 17일에, 만하임과 카셀에서는 5월 19일에 치러졌다. 베를린에서는 비로 인해 점화되지 않자 휘발유를 뿌리고 불을 붙여 예정대로 행사를 진행했다.

1933년 5월 10일 이전에 이미 3월 8일 드레스덴, 3월 9일 브라운슈바이크, 3월 15일 베를린, 3월 31일 뮌스터, 4월 1일 부퍼탈, 4월 11일 뒤셀도르프 등 여러 도시에서 분서가 있었다. 그것은 나치의 권력 장악의 맥락에서 이루어진 것이었으며 독일대학생연합회의 비독일적인 정신에 반대하는 활동에 결정적인 동기 부여가 되었다.

독일대학생연합회 주도의 분서 이후에는 이를 모방한 분서 행위가 5월 30일 함부르크, 6월 17일 하이델베르크와 칼스루에, 8월 26일 예나 등 곳곳에서 있었다. 소규모의 모방 분서는 1933년 1년 동안 전 독일에서 100여 건 이상 있었다.

불에 태워진 책들의 저자에는 앙드레 지드, 어니스트 헤밍웨이, 막심 고리키 등 나치의 이념에 맞지 않는 외국 작가들도 다수 포함되어 있었다.

베를린에서 책이 불태워졌던 장소인 현재의 훔볼트 대학교* 법대와 국립오페라극장 사이의 광장에는 당시의 분서 행위를 잊지 않고 기억하여 역사의 교훈으로 삼기 위한 조형물이 설치되어 있다.

---

* 훔볼트 대학교는 프로이센의 왕 프리드리히 빌헬름 3세 때 정치가이자 교육개혁가이며 언어학자인 빌헬름 폰 훔볼트의 주도로 설립되어 1810년 10월 개교했다. 당시에는 베를린 대학교라고 불렸으며 1828년부터 프리드리히 빌헬름 대학교로 불리다가 1949년에 현재의 명칭인 베를린 훔볼트 대학교로 개명되었다.

베를린에서 책이 불태워졌던 오페라광장. 국립오페라극장과 당시 대학 도서관 사이의 광장이다. 도서관은 본래 1775~1780년에 프로이센의 왕립 도서관으로 건립되었던 것이며 현재는 훔볼트 대학교 법대 건물로 쓰이고 있다 (오른쪽 건물). 이 광장은 독일 사회민주주의 창시자들 중 한 명으로 꼽히는 정치가 '아우구스트 베벨 August Bebel'의 성을 따서 1947년에 '베벨광장 Bebelplatz'으로 개명되었다. 왼쪽에 사람들이 모여 있는 곳의 지하에는 조형물이 설치되어 있다.

지하에 설치된 이 텅 빈 서고는 슈투트가르트 미대 교수인 울만이 1994~1995년에 제작한 것으로서 1933년 5월 10일의 분서와 같은 역사적 사실을 잊어서는 안 된다는 의미를 담고 있는 조형물이다. 일몰 후에는 서고에 조명이 켜진다. 멀리 보이는 훔볼트 대학교 법대 건물 중앙 출구 오른쪽 벽에는 다음 사진과 같은 안내판이 부착되어 있다.

이 광장에서 나치는 독일과 세계문학의 명작들을 없앴다. 1933년 5월 10일 파시즘의 분서는 제국주의와 전쟁을 반대하며 방심하지 않아야 한다는 영원한 경고가 되리라.   1983년 5월 12일

지하 서고 조형물에서 조금 떨어진 곳의 바닥에는 안내판이 마련되어 있다.

(왼쪽 아래 번역) 미햐 울만이 제작한 서고, 1933년 5월 10일의 분서 기억물, 1994/95 제작.

(오른쪽 번역) 이 광장의 중앙에서 1933년 5월 10일 나치 대학생들이 수많은 작가, 언론인, 철학자 그리고 학자들의 저술을 불태웠다.

(왼쪽 위 번역) "그것은 서곡에 불과했다. 책을 불태우는 곳에서는 결국 사람도 불태울 것이다." 하인리히 하이네 1820

하인리히 하이네 인용문은 그의 비극 〈알만조어〉에 나오는 말인데, 스페인의 가톨릭 군주들이 그라나다를 정복하여 1499년에 코란을 비롯한 이슬람의 신학, 철학, 역사 등의 책 5,000여 권을 불에 태웠던 사실을 가리킨다. 사람도 불에 태울 것이라는 표현은 마치 예언처럼 나치 시대에 이르러 현실이 되었다. 강제수용소의 가스실에서 목숨을 잃은 유대인들의 시체는 대부분 불에 태워졌다.

[] 하이네 (1797~1856) []

'하인리히 하이네 Heinrich Heine'는 뒤셀도르프에서 유대인 상인의 아들로 태어났다. 그는 1819~1820년 본과 괴팅엔 대학교에서 법학, 문학, 역사학 등을 공부했다.

그리고 1821~1823년 베를린 대학교에서 헤겔의 강의를 들었고, 그 시기에 첫 시집과 희곡집을 출간하여 작가로 등단했다. 그때 발표된 비극 〈알만조어 Almansor〉는 하이네가 이슬람 문화를 처음으로 자세히 다룬 작품으로서 스페인 가톨릭 군주들의 그라나다 정복을 시대적 배경으로 삼은 희곡이다.

1824년 괴팅엔으로 돌아간 하이네는 법학 공부를 계속하여 1825년 7월 법학박사 학위를 취득했다. 정치적이며 비판적인 유대인으로서 독일 사회에서 배척당했던 하이네는 1831년 파리로 이주하여 몇 차례의 여행 기간을 제외하고는 1856년 세상을 떠날 때까지 파리에 머물렀다.

하이네는 '청년 독일 Junges Deutschland'* 그룹에 속하는 것으로 분류되어 그의 작품은 1833년 프로이센에서, 1835년 모든 '독일 연방 Deutscher Bund' 국가에서 금서가 되었다. 그러나 하이네 스스로는 '청년 독일' 그룹과 같은 경향문학에 거리를 두었다.

하이네 문학은 낭만주의에서 출발했지만 곧 그것을 극복했으며 형식과 내용의 다양성과 독자성으로 인해 어느 특정 문학 사조에 쉽게 편입되지 않는다.

---

* 1848년 3월 혁명 이전 시기의 자유주의적이며 문학의 정치 참여를 지향하는 작가들을 일컫는 표현이다.

베를린 훔볼트 대학교와 '막심 고리키 극장 Maxim Gorki Theater' 사이에 있는 하이네 동상. 왼쪽에 부착된 안내판에는 2002년 12월에 동상이 이곳에 세워진 경위가 설명되어 있다. 정면에 부착된 동판에는 다음과 같은 내용이 들어 있다.

우리가 어떤 사상을 붙드는 것이 아니라 그 사상이 우리를 붙들어서 노예로 삼아 채찍질하여 경기장 안으로 몰아넣는 것이다. 그래서 우리는 검투사처럼 강제로 그 사상을 위해 싸운다. 하인리히 하이네, 1797년 12월 13일 뒤셀도르프에서 출생 1856년 2월 17일 파리에서 사망.

서점과 문학카페로 운영되고 있는 뒤셀도르프 '볼커슈트라세 Bolkerstraße' 53번지 하이네 생가

10. 거울벽

1897년에 건립된 베를린 '슈테클리츠 Steglitz' 지역의 시너고그는 나치의 유대인 박해와 학살이 본격적으로 시작되었던 1938년 11월 9일 이른바 '수정의 밤 Kristallnacht'에 파괴되었다.

1930년대 초 신도 수가 약 4,000명에 달했던 과거의 시너고그 건물 앞 광장의 이름은 '헤르만–엘러스–플라츠 Hermann-Ehlers-Platz'이다. 독일어로 '플라츠'는 '광장'이라는 뜻이다. 헤르만 엘러스는 법률가이며 '독일기독교민주연합 CDU: Christlich Demokratische Union Deutschlands' 소속 정치인이었다. 나치 시대에 그는 '고백교회 Bekennende Kirche'* 활동을 했으며 1950년부터 1954년까지는 연방의회 의장이었다.

1909년부터 1941년까지 헤르만 엘러스가 슈테클리츠에 거주했던 인연으로 1958년에 헤르만–엘러스–플라츠로 명명된 광장에는 나치에 희생당한 베를린 유대인들을 기억하는 조형물 '거울벽 Spiegelwand'이 1995년에 설치되었다.

가로 9m, 높이 3.5m의 거울벽 양면에는 슈테클리츠 시너고그의 역사와 베를린에서 끌려간 1,723명의 유대인 이름과 생년월일, 주소 등이 끌려간 날짜에 따라 적혀 있다. 그뿐만 아니라 시너고그 사진, 어린이들 사진, 그리고 유대인 말살을 결정한 '반제 회의 Wannsee-Konferenz' 회의록을 발견했던 '로버트 켐프너 Robert Kempner'의 짧은 글도 보인다.

로버트 켐프너는 유대인이며 1935년 이탈리아 망명을 거쳐 1939년 미국으

---

* 고백교회는 나치의 교회 지배에 저항하는 운동이다. '마틴 니묄러 Martin Niemöller', '디트리히 본회퍼 Dietrich Bonhoeffer' 등 몇몇의 베를린 목사와 신학자들이 1933년 9월에 결성한 '목사비상동맹 Pfarrernotbund'이 그 출발점이 되었다.

로 망명했다. 검사였던 그는 제2차 세계대전이 끝난 후 '뉘른베르크 Nürnberg' 재판에서 미국 측 소송 대리인 역할을 했다. 특히 그는 1947년 '빌헬름슈트라세 재판 Wilhelmstraßen-Prozess'을 준비하는 과정에서 유대인 말살을 최종 결정한 '반제 회의록 Wannsee-Protokoll'을 발견했으며 이로 인해 반제 회의가 세계적으로 알려지게 되었다.

빌헬름슈트라세 재판은 뉘른베르크 재판의 일환으로 열린 12건의 후속 재판 중 11번째 재판이다. 주로 나치 시대의 외무부 고위 관리들을 대상으로 한 재판이었으며 외무부 청사가 있던 베를린의 거리 이름을 따서 흔히 빌헬름슈트라세 재판이라고 부른다. 169회의 공판이 진행되는 동안 323명의 증인이 출석했던 빌헬름슈트라세 재판은 1947년 11월에 시작해서 1949년 4월에 끝났다. 후속 재판들 중에서 가장 규모가 크고 오래 걸린 재판이었다.

로버트 켐프너는 뉘른베르크 재판이 끝난 후 프랑크푸르트에 정착하여 많은 재판에서 나치 희생자들을 위한 변호사로 활동했다.

음영부분 번역

그들은 직업을 빼앗기고 재산을 도난당했다. 그들은 상속하거나 상속받을 수 없었다. 그들은 공원 의자에 앉을 수 없었고 카나리아를 기를 수 없었다. 대중교통을 이용할 수 없었고 레스토랑이나 음악회에 갈 수 없었고 연극이나 영화를 관람할 수 없었다. 그들에게는 특정 인종법이 적용되었고 국민의 권리가 모두 박탈되었다. 거주지 선택의 자유가 박탈되었고 인권과 인간으로서의 존엄성이 완전히 무시되었다. 그들이 강제수용소로 끌려가서 가스실로 갈 때까지… 그 희생자들은 유대인들이었다… 노란 별이 그들의 표식이었다.

로버트 M. W. 켐프너 (1899~1993)

[] 뉘른베르크 재판 []

'뉘른베르크 재판 Nürnberger Prozesse'은 제2차 세계대전이 끝난 후 뉘른베르크에서 1945년 11월 20일부터 1946년 10월 1일까지 국제군사법정에서 열린 주요전범재판과 1946년 12월부터 1949년 4월까지 미국군사법정에서 열린 12건의 후속 재판을 총칭하는 표현이다.

본래 미국, 영국, 프랑스, 소련 등 4개 연합국은 국제군사법정에서 재판을 계속할 계획이었으나 냉전 시대가 시작되면서 이해관계의 차이가 발생하자 연합국 관리위원회가 국제군사법정에 관한 런던 협약에 근거를 둔 관리규정에 따라 점령지역의 명령권자에게 재판에 관한 전권을 부여했다. 뉘른베르크는 미국의 점령지역이었다. 따라서 12건의 후속 재판은 미국군사법정에서 열리게 되었다.

주요전범재판에서는 정치인, 군인, 나치당원 등이 침략전쟁의 계획, 준비, 수행, 그리고 민간인과 포로에 대한 범죄 및 강제수용소에서의 학살 등의 죄목으로 법정에 섰다. 24명의 피고 중에서 12명은 사형, 7명은 자유형을 선고받았고 3명은 무죄 판결을 받았다. 1명은 자살로 인해서, 다른 1명은 건강 문제로 판결 없이 재판이 중단되었다. 주요전범재판은 13건의 뉘른베르크 재판에서 첫 번째 재판이었다.

12건의 후속 재판에서 법정에 선 피고는 의사와 법률가 39명, 나치 친위대와 경찰 56명, 사업가와 경영자 42명, 군 지휘관 26명, 장관과 고위관리 22명 등 185명이었다. 그중 35명은 무죄, 24명은 사형, 20명은 종신형, 98명은 18개월에서 25년 사이의 자유형을 선고받았다.

뉘른베르크 재판이 열렸던 법원 건물의 일부는 기념관으로 보존되어 있다.

뉘른베르크 재판 기념관

재판이 열렸던 법정에서 단체관광객이 가이드의 설명을 듣고 있다.

피고들이 앉았던 의자. 안내문에 따르면 앞 의자 맨 왼쪽에 헤르만 괴링이 앉았었다.

재판을 위한 증거서류를 담아 운송했던 상자

11. 로젠슈트라세

1943년 2월 27일 나치는 그때까지 끌려가지 않고 군수산업체 등의 공장에서 강제노동을 하고 있던 유대인들을 일제히 체포하여 아우슈비츠 등 죽음의 수용소로 끌고가는 작전을 실시했다. 나치는 그것을 '일제검거 Razzia'라고 표현했고 유대인들은 '공장작전 Fabrikaktion'이라고 불렀다.

당시 베를린에서 체포된 8,000여 명 중 약 2,000명은 독일인 여자와 결혼한 유대인 남자들이었다. 그들은 따로 분류되어 '로젠슈트라세 Rosenstraße' 2~4번지의 유대인 공동체 건물에 임시 수용되었다.

그러자 그들이 끌려간 당일 저녁에 벌써 그 건물 앞에 독일인 부인들이 모여 남편의 석방을 요구하는 시위를 했다. 그 시위는 매일 600여 명이 교대로 참가하며 며칠 동안 계속되었다. 결국 3월 6일부터 약 2주 동안에 걸쳐 독일인과 결혼한 유대인들은 거의 모두 풀려났다.

그 석방이 독일인 부인들의 시위 결과로 이루어진 것인지, 아니면 애초에 규정상 체포 대상이 아니었기 때문에 석방된 것인지, 또는 다른 어떤 상황에 의해 석방된 것인지에 대해서는 여러 가지 설이 있다. 그러나 그 시위가 용감한 시민 정신의 표현이었다는 데에는 논란이 없다.

로젠슈트라세 2~4번지에는 그 시위를 기념하기 위한 조형물 '여인들의 블록 Block der Frauen'이 설치되어 있다. 베를린 출신의 유대인 여류 조각가 '잉에보르크 훈칭어 Ingeborg Hunzinger'의 작품이다. 1995년에 제막되었다.

[] 뉘른베르크 인종법 []

나치는 1935년 9월 15일 '뉘른베르크 Nürnberg' 전당대회 때 뉘른베르크에 의회를 소집하고 '독일인의 혈통과 명예 보호법 Gesetz zum Schutz des deutschen Blutes und der deutschen Ehre'과 '제국시민법 Reichsbürgergesetz'을 통과시켰다. 그래서 그 두 법을 총칭해서 '뉘른베르크 법 Nürnberger Gesetze' 또는 인종차별에 관한 법이므로 '뉘른베르크 인종법 Nürnberger Rassengesetze'이라고 부른다.

흔히 '혈통보호법 Blutschutzgesetz'이라고 불리는 독일인의 혈통과 명예 보호법은 유대인과 비유대인의 결혼 및 성교를 금지하는 것이었고, 제국시민법은 유대인은 제국시민이 될 수 없음을 규정하여 유대인의 모든 권리를 박탈하는 것이었다. 그러나 유대인 혼혈은 제국시민의 권리를 박탈당하지 않았다.

1935년 11월 14일 공포된 제국시민법 첫 번째 시행령에 따르면 유대인은 다음과 같이 분류되었다.

1. 조부모들 중에서 3명 또는 4명이 유대인인 사람은 유대인이다.

2. 조부모들 중에서 1명 또는 2명이 유대인인 사람은 유대인 혼혈이다. 그러나 그가 a) 유대교 신앙을 가졌거나 이 법의 공포 후에 유대교 신앙을 가지면 유대인이다. b) 유대인과 결혼했거나 이 법의 공포 후에 유대인과 결혼하면 유대인이다. c) 1935년 9월 15일 혈통보호법 공포 후에 유대인과의 결혼으로부터 출생했으면 유대인이다. d) 유대인과의 사이에서 1936년 7월 31일 후에 출생한 혼외자이면 유대인이다.

조부모의 유대인 여부를 이런 방식으로 판단하는 것은 간단하지 않으므로 유대교 신앙을 가졌으면 유대인으로 간주했다. 즉 조부모가 독일인이어도 유대인과 결혼하여 유대교 신앙을 가진 경우에는 유대인으로 분류되었다.

나치 전당대회가 열렸던 건물의 일부는 2001년 11월 4일에 나치 시대의 역사를 전시하는 전시관으로 개관하여 운영되고 있다.

전시관 건물

전시관 내부

전당대회가 열렸던 건물. 로마의 콜로세움을 모방하여 건축된 것이다. 기념물로 보호되고 있다.

전당대회가 열렸던 건물 내부. 약 5만 명을 수용할 수 있는 규모였다.

12. 그루네발트 역

'그루네발트 Grunewald' 역은 1879년 8월 '훈데켈레 Hundekehle' 역이라는 이름으로 개통되었다가 1884년 10월에 현재의 이름으로 개명되었다. 이 역은 모아빗 역, 안할트 역과 더불어 나치 시대에 베를린의 유대인들이 열차에 실려 강제수용소로 끌려갔던 대표적인 역이다.

1941년 10월 18일 이곳에서 1,013명의 유대인이 열차에 실려 폴란드의 게토 '리츠만슈타트 Litzmannstadt'로 끌려간 것을 시작으로 1945년 2월까지 수만 명이 강제수용소로 끌려갔다. 그중 약 17,000명이 아우슈비츠로 끌려갔다.

강제이송에 가장 많이 이용되었던 17번 선로의 끝 벽면에는 이곳에서 끌려간 이들을 추모하는 표지판이 1987년 4월 3일 설치되었다.

첫 강제이송으로부터 46주년인 1987년 10월 18일에는 역 건물 앞에 추모 조형물이 설치되었다. 강제이송 50주년 되는 날인 1991년 10월 18일에는 역 건물 밖에서 17번 선로로 향하는 길 왼쪽에 콘크리트 벽과 청동 표지판으로 구성된 조형물이 제막되었다.

그리고 17번 선로의 양옆에는 베를린에서 유대인들이 강제수용소로 끌려간 날짜와 끌려간 인원수 및 끌려간 장소가 연대순으로 새겨진 경고물이 1998년 1월 27일 모습을 드러냈다.

그루네발트 역 건물

17번 선로

17번 선로
1941~1945년 독일제국열차에 실려 죽음의 수용소로 끌려간 사람들을 추모하며

1998년 1월 27일
독일철도주식회사

보존되어 있는 당시의 17번 선로

선로 양옆에 끌려간 날짜와 끌려간 인원수 및 끌려간 장소가 새겨져 있다.

1941년 10월부터 1945년 2월까지 이곳에서 나치 망나니들에 의해
죽음의 수용소로 끌려가 학살당한 수만 명의 베를린 유대인들을 추모하며

역 건물 밖에서 17번 선로로 향하는 길목에 있는 조형물

1941년 10월부터 1945년 2월 사이에 주로 그루네발트 화물역에서 나치에 의해 학살수용소로 끌려가
목숨을 잃은 5만여 명의 베를린 유대인들을 추모하며.
인간의 목숨과 존엄성을 경시하는 모든 행동에 대해서 망설이지 말고 용감하게 대항할 것을
우리 모두에게 요망하며.

유대인들을 죽음의 수용소로 싣고 간 독일제국철도는 오랫동안 관심의 대상이 아니었다. 1953년에 처음으로 설치되었던 추모 표지판은 알 수 없는 이유로 철거되었으며 제막식이 경찰의 방해를 받기도 했다. 그로부터 20년이 지난 1973년에 설치된 추모 표지판은 1986년에 도난당했다. 역 건물 앞에 있는 이 추모 조형물은 첫 강제이송 46주년인 1987년 10월 18일에 린데 휘플러를 비롯한 그루네발트 개신교회 여성신도회가 설치한 것이다. 나무로 된 두 개의 선로에 하나의 선로를 걸쳐 놓은 형태이다. 걸쳐진 선로에는 41년 10월 18일이라고 새겨져 있고 안내판이 부착되어 있다. 1941년 10월 18일은 유대인들이 최초로 이곳에서 열차에 실려 끌려간 날이다.

린데 휘플러와
그루네발트 개신교회 여성신도회의
경고물
1987

1941년 10월 18일
이 역에서 끌려간 사람들을 추모하며

베를린-빌머스도르프 1987년 10월 18일

13. 쿠어퓌어스텐슈트라세

'쿠어퓌어스텐슈트라세 Kurfürstenstraße' 115~116 번지에는 유대인 단체인 '형제조합 Brüderverein'이 1908~1910년에 사무용과 주거용으로 건립한 건물이 있었다.

제2차 세계대전 때 나치의 국가보안본부 유대인 담당 분과는 그 건물을 차지하고 사무실로 사용하며 독일과 모든 점령 지역의 유대인 강제이송 및 학살을 총지휘했다. 책임자는 '아돌프 아이히만 Adolf Eichmann'이었다.

과거에 그 건물이 있던 자리에는 호텔 '쥘터 호프 Sylter Hof'가 있다. 그리고 호텔 앞 버스 정류장에는 그곳이 아돌프 아이히만이 유대인 대학살을 지휘했던 장소임을 상기시키는 설명과 대형 사진이 1998년 12월에 설치되었다.

그 정류장은 100번 시내버스가 정차하는 곳이다. 100번 시내버스는 승전탑, 연방의회, 브란덴부르크 문 등 주요 지점을 통과하기 때문에 베를린을 찾는 관광객들이 가장 많이 이용한다. 물론 베를린 시민들도 많이 이용하는 노선 버스이다. 그만큼 호텔 쥘터 호프 앞의 정류장에 게시되어 있는 대형 사진과 설명이 많은 사람들에게 각인되는 셈이다.

독일어 '만오르트 Mahnort'는 경고의 장소라는 뜻이다. 이곳에서 있었던 일을 잊어서는 안 된다는 경고의 의미이다.

뒤쪽에는 같은 내용이 영어로 쓰여 있다.

친애하는 BVG* 승객 여러분!
왜 이 정류장이 경고의 장소입니까?

여기 그 답변이 있습니다:
"구원의 비밀은 기억에 있다."
발셈-토프, 18세기의 유대교 성직자

* BVG는 베를린 운송회사

밤에 조명이 켜진 모습

사진 속의 건물이 과거의 형제조합 건물이다.

ADOLF EICHMANN (1906–1962) war während des Zweiten Weltkriegs Leiter des „Judenreferats" IV B 4 im „Reichssicherheitshauptamt". Er war maßgeblich an der Ermordung der europäischen Juden beteiligt. Von seinem Büro in der Kurfürstenstraße 115/116 aus wurde die Deportation der Juden in die Vernichtungslager zentral organisiert. Nach 1945 floh Eichmann nach Argentinien. In einem Prozess, der weltweites Aufsehen erregte, wurde er 1961 in Jerusalem zum Tode verurteilt und am 31. Mai 1962 hingerichtet.

사진 속의 인물은 아돌프 아이히만이다. 오른쪽 아래 사진은 친위대 장교 시절의 사진이며 안경을 쓰고 검은 양복을 입은 사진은 예루살렘 법정에서의 모습이다. 그는 전쟁이 끝난 후 도주했다가 1960년 5월 아르헨티나에서 이스라엘 정보기관에 체포되어 1961년 12월 예루살렘 법정에서 사형 선고를 받았다. 그리고 1962년 5월 31일 밤 교수형에 처해질 예정이었으나 절차가 지연되어 자정을 넘기는 바람에 실제로 형이 집행된 날짜는 6월 1일이었다.

히틀러가 집권하기 전인 1922년 9월 당시의 유대인 형제조합 건물에서 국제정신분석학회가 개최되었는데 그것이 프로이트가 참가했던 마지막 학회였다. 이를 기념하기 위한 조형물이 현재의 호텔 쥘터 호프 앞 도로 중앙에 설치되어 있다. 독일어와 영어로 쓰여진 이 조형물은 2007년 7월, 제2차 세계대전 후 처음으로 베를린에서 다시 열렸던 국제정신분석학회를 계기로 제작된 것이다. 이 조형물에는 다음과 같은 내용이 기록되어 있다.

그라디바

1922년 9월 25일부터 27일까지 이곳 쿠어퓌어스텐슈트라세 115/116 번지 '서로 돕는 유대인 형제조합의 집'에서 국제정신분석연맹(IPV) 제7회 국제정신분석학회가 개최되었다. 그것이 지그문트 프로이트가 참가했던 마지막 학회였다.

20년대의 베를린에서 정신분석의 전성기가 지난 후 1933년부터 모든 유대인 정신분석학자들은 나치에 의해 독일에서 추방당했다. 독일정신분석협회는 1938년에 해체되어야만 했다.

'오늘날 정신분석과 문화에서 기억, 반복 그리고 연구'라는 주제로 제2차 세계대전 후 처음으로 국제정신분석연맹의 정신분석학자들이 2007년 7월 25일부터 29일까지 제45회 국제정신분석학회를 개최하기 위해 다시 이곳 베를린으로 왔다.

1938년 강제로 망명을 떠날 때까지 빈에 있는 지그문트 프로이트의 카우치 옆에는 '그라디바'의 복제품이 걸려 있었다. 빌헬름 옌젠의 그라디바 소설에 대한 프로이트의 해석은 문학작품에 대한 최초의 본격적인 정신분석학적 연구이다. 지그문트 프로이트는 런던에서 망명 생활을 했다. 그곳에서 그는 1939년 9월 23일 사망했다.

2007년 7월 25일 독일정신분석협회(DPG) & 독일정신분석연맹(DPV)

뒤쪽에는 그라디바가 조각되어 있다.

[] 그라디바 []

〈그라디바 Gradiva〉는 독일 작가 '빌헬름 옌젠 Wilhelm Jensen'의 소설이다. 1903년에 초판이 간행되었으며 '폼페이 환상곡 Ein pompejanisches Phantasiestück'이라는 부제가 붙어 있다.

소설의 주인공인 젊은 고고학자 '하놀트 Hanold'는 여인의 걷는 모습이 새겨진 고대 로마의 조각 작품에 매료되어 그 여인을 '그라디바'라고 명명한다. '그라디바'는 라틴어로 '걷는 여인'이라는 뜻이며 로마 신화의 전쟁의 신 '마르스 Mars'의 별칭인 '그라디부스 Gradivus'를 여성형으로 바꾼 것이다. 하놀트는 '그라디바'의 복제품을 구해서 서재에 걸어 두고 꿈과 상상과 현실을 넘나들다가 마침내 그가 어린 시절 좋아했던 '초에 Zoë'를 폼페이에서 만나게 된다.

프로이트는 그 소설을 정신분석학적으로 해석하여 〈옌젠의 그라디바에 나타난 망상과 꿈 Der Wahn und die Träume in W. Jensens Gradiva〉이라는 제목의 논문을 1907년에 발표했다. 프로이트 덕분에 옌젠의 소설 〈그라디바〉는 대중들에게 새롭게 각인되었다.

기원전 4세기의 그리스 작품을 모방한 것으로 추정되는, 바티칸 박물관에 실제로 존재하는 그 조각 작품은 옌젠의 소설과 프로이트의 논문으로 인해 세상에 널리 알려진 후로 '그라디바'라고 불린다.

'그라디바'는 현대의 신화적 형상이 되어 많은 사람들이 선호하는 이름이 되었다. 예를 들면 스페인의 초현실주의 화가 달리는 아내 갈라를 '그라디바'라는 애칭으로 불렀으며 일련의 작품에 '그라디바'라는 제목을 붙였다. 프랑스의 초현실주의 작가 브르통은 1937년 파리에 동명의 갤러리를 오픈했다.

프로이트가 1907년 바티칸 박물관에서 구입하여 카우치 옆에 걸어 두었던 '그라디바' 복제품은 현재 런던의 프로이트 박물관에 전시되어 있다.

14. 유대인 박물관

유대인 박물관은 구관과 신관으로 구성되어 있다. 구관은 프로이센의 왕 프리드리히 빌헬름 1세의 명으로 1734~1735년에 건축되었으며 본래 사법행정을 위한 회관으로 사용되던 건물이다.

여러 법률 기관들이 입주해 있었고 일부 공간은 브란덴부르크 최고법원이 사용했다. 1879년부터 브란덴부르크 최고법원이 건물 전체를 사용하다가 1913년에 새 건물로 옮긴 후로는 브란덴부르크 개신교 회관으로 사용되었다. 제2차 세계대전 때 폭격으로 거의 파괴된 구관은 1964~1969년에 재건축되어 베를린 박물관으로 사용되었다.

본래의 유대인 박물관은 현재의 '오라니엔부르거 슈트라세 Oranienburger Straße'에 있는 시너고그 옆에 있었다. 나치가 집권하기 6일 전인 1933년 1월 24일 개관했으며 세계 최초의 유대인 박물관이었다. 그러나 1938년 11월 유대인 박해와 학살이 본격적으로 시작되면서 나치에 의해 폐쇄되었다.

1971년 베를린의 유대인 공동체 성립 300주년을 맞아 유대인 박물관을 새로 건립하자는 여론이 형성되기 시작했다. 이러한 여론에 힘입어 1975년 베를린 박물관에 유대인 분관이 설립되었고, 1978년부터 유대인의 역사와 문화에 관한 전시가 베를린 박물관 상설 전시의 한 분야가 되었다.

1989년 베를린 박물관 확장을 위한 설계 공모에서 폴란드 출신의 유대인으로 미국에서 활동하고 있는 건축가 '다니엘 리베스킨트 Daniel Libeskind'가 선정되었고 그의 설계에 따라 1992년에 신관 건축 공사가 시작되었다. 공사가 진행되는 동안 신관의 용도와 유대인 분관의 지위에 관한 격렬한 토론이 있었다.

1994년에 암논 바르첼이 유대인 박물관장으로 초빙되었으나 그때까지도 유대인 박물관은 베를린 박물관의 분관이었다. 암논 바르첼은 유대인 박물관의 독립성을 위해 노력했고 그의 뒤를 이어 1997년에 유대인 박물관장으로 부임한 미하엘 블루멘탈도 베를린 박물관의 구관과 신관을 독자적인 유대인 박물관으로 사용해야 한다고 주장했다.

마침내 1999년 1월 유대인 박물관은 베를린 박물관의 분관이 아닌 베를린 주의 독립적인 공공 시설로서의 지위를 획득하고 신관 준공식을 1월 23일 성대하게 치렀다. 그리고 2001년 9월 현재의 베를린 유대인 박물관이 개관했다.

베를린 유대인 박물관의 출입은 구관을 통해서 이루어진다. 구관에는 보안 검색대와 매표소, 의류 및 휴대품 보관소, 사무실, 특별 전시실, 강연장, 카페 등 부대 시설이 있다. 박물관의 상설 전시실로 사용되는 건물은 신관이다. 구관과 신관은 지하 통로로 이어지며 지상에서 보았을 때 눈에 띄는 연관성은 없다. 오히려 매우 이질적으로 보인다. 건축 양식도 구관은 바로크 양식이며 신관은 해체주의 양식이다.

구관에서 지하 계단을 통해 신관에 들어서면 제일 먼저 만나게 되는 라파엘 로트 학습 센터를 지나면 '연속성의 축 Achse der Kontinuität', '망명의 축 Achse des Exils' 그리고 '홀로코스트의 축 Achse des Holocaust'이라고 불리는 3개의 통로가 있다.

연속성의 축은 지상의 상설 전시실로 올라가는 통로이고, 망명의 축은 건물 바깥에 있는 망명의 정원으로 통한다. 그리고 홀로코스트 축은 홀로코스트 타워에 이르는 막다른 길이다. 이 3개의 축은 서로 교차하고 있으며 유대인들의 독일에서의 삶을 특징적으로 나타낸다.

신관 2층과 3층에서 열리고 있는 독일계 유대인의 2,000년 역사를 주제로 한 상설 전시는 라인강변의 중세 도시인 '슈파이어 Speyer', '보름스 Worms', '마인츠 Mainz'에 형성되었던 유대인 공동체에 관한 내용을 시작으로 1963~1965년 프랑크푸르트에서 진행되었던 아우슈비츠 재판과 1975~1981년 뒤셀도르

왼쪽이 구관, 오른쪽이 신관이다.

신관

티타늄과 아연을 소재로 한 신관의 겉면은 날카롭게 느껴지는 수많은 직선으로 구성되어 있다.

구관과 신관을 연결하는 지하통로

구관에서 지하 계단을 통해 신관에 들어서면 제일 먼저 만나게 되는 라파엘 로트 학습 센터. 유대인들의 역사를 공부할 수 있는 멀티미디어 자료실이다. 유대인 박물관 건립 당시 중요한 재정 후원자였던 '라파엘 로트 Rafael Roth'의 이름을 따서 명명되었다.

프에서 진행되었던 마이다네크 재판에 이르기까지의 역사를 개괄적으로 보여준다. 마이다네크는 아우슈비츠와 마찬가지로 유대인 학살이 이루어졌던 폴란드의 수용소이다.

상설 전시는 독일에서 자란 유대인들이 1945년 이후의 어린 시절과 청소년기에 대해서 말하는 내용을 들을 수 있는 오디오실을 끝으로 중세에서 현재에 이르기까지 긴 여정의 막을 내린다. 그러한 마무리는 독일계 유대인들 삶의 새로운 장이 시작되는 것을 의미한다. 상설 전시실로 가는 통로가 '연속성의 축'으로 명명된 까닭이 거기에 있는 것이다.

'망명의 축' 끝에 위치한 망명의 정원은 약 12도 기울어진 바닥에 6m 높이의 콘크리트 기둥 49개가 설치되어 있는 곳이다. 7개의 기둥이 7줄로 서 있는 형태이다. 7은 유대교에서 성스러운 숫자이다. 기둥의 내부는 흙으로 채워져 있으며 그곳에 나무가 심어져 있어서 기둥의 상부는 나무로 덮여 있다.

망명의 정원에서 방문객들은 기울어져 불안정한 느낌을 주는 바닥, 시야를 가리는 콘크리트 기둥 등으로 인해 독일에서 추방당한 유대인들이 망명지에서 느꼈을 존재의 불안을 잠시나마 경험하게 된다.

아이젠먼의 설계로 2005년에 준공된 홀로코스트 추모 조형물의 콘크리트 기둥이 망명의 정원 기둥과 비슷한 형태여서 리베스킨트는 아이젠먼이 자신의 작품을 모방했다고 비난하여 표절 시비가 있었으나 원만히 해결되었다.

신관에는 텅 비어 있는 공간들이 있다. 대부분 지그재그 형태의 직선으로 구획된 이 공간들은 유대인 박해와 추방, 학살 등으로 남겨진 빈자리를 의미한다.

콘크리트 벽이 그대로 드러나 있어서 건물의 다른 부분과 분명하게 구분되는 이 공간들은 신관을 구성하는 핵심 요소이다. 구관과 신관도 이러한 공간에 있는 지하 계단을 통해 연결되어 있다.

이러한 공간들은 박물관 방문객들이 어떤 구체적 대상으로서의 공간을 관

지상의 상설 전시실로 올라가는 계단

1945년 이후 현재에 이르기까지 유대인들의 삶에 대한 이야기를 들을 수 있는 오디오실

망명의 정원 출입구

망명의 정원

박물관 밖에서 바라본 망명의 정원

홀로코스트 타워에 이르는 막다른 길

홀로코스트 타워 내부. 높이 24m로 천장의 틈을 통해서만 햇빛이 들어오는 어두운 공간이다.

박물관 밖에서 본 홀로코스트 타워

람하도록 되어 있는 것이 아니라 느끼고 파악할 수 있도록 배열되어 있다.

유일하게 직접 걸으면서 체험할 수 있는 공간은 신관 1층에 있는 '추모의 빈 자리 Leerstelle des Gedenkens'이다. 그곳에는 이스라엘 예술가 메나쉬 카디쉬만의 작품 '낙엽 Gefallenes Laub'이 설치되어 있다.

'낙엽'은 사람 얼굴 모양의 철판 1만여 개를 바닥에 깔아 놓아 사람들이 밟고 걸을 수 있도록 되어 있는 작품이다. 고통에 찬 갖가지 표정의 철판은 사람들이 그것을 밟을 때 나는 철거덕거리는 소리와 더불어 아비규환을 연상케 한다. 이 작품은 홀로코스트 희생자뿐만 아니라 전쟁과 폭력의 모든 희생자들에게 헌정된 것이다.

15. 홀로코스트 희생자 추모 조형물

'포츠담 광장 Potsdamer Platz'에서 '에버트슈트라세 Ebertstraße'를 따라 '브란덴 부르크 문 Brandenburger Tor' 방향으로 가다 보면 오른쪽 약 19,000m² 대지에 '학살당한 유럽 유대인 추모 조형물 Denkmal für die ermordeten Juden Europas'이 설 치되어 있다.

흔히 '홀로코스트 경고물 Holocaust-Mahnmal'이라고 부르는 이곳 지하에는 전 시실과 강연장, 서점으로 구성된 930m² 규모의 정보센터가 있다. 지상의 조 형물과 지하의 정보센터로 구성된 이 추모 시설은 제안에서 준공에 이르기까 지 우여곡절이 있었으며 비난 여론 또한 없지 않았다.

1988년 저널리스트 레아 로쉬가 나치에 학살당한 유대인들을 위한 추모 조 형물 건립을 처음으로 제안하여 후원 그룹이 결성되었다. 그리고 1994년에 설계 공모를 통해 학살당한 유대인들의 이름이 새겨진 20,000m² 규모의 콘크 리트 평면을 기울어지게 설치하는 안이 선정되었다. 그러나 당시 연방 수상이 던 헬무트 콜의 반대로 이 안은 실현되지 못했다.

이후 몇몇 연방의회 의원들의 노력으로 연방의회에서 토론이 이루어졌고 1997년에 다시 설계를 공모하여 미국 건축가 '피터 아이젠먼 Peter Eisenman'과 조각가 '리처드 세라 Richard Serra'의 안이 선정되었다.* 그러나 진행 과정에서 설계 변경이 계속되자 세라는 이 프로젝트에서 1998년에 자진 하차했다.

---

* 부모가 유대인이었지만 유대인으로서의 교육을 전혀 받지 않고 미국에 동화되어 자란 아 이젠먼은 함부르크에서 발행되는 주간신문 〈디 차이트 Die Zeit〉 2004년 12월 9일 인터 뷰에서 홀로코스트 조형물 작업을 하면서 비로소 제대로 자신의 혈통을 의식했다고 말했 다. 한편 세라의 아버지는 스페인인이었고 어머니는 유대계 러시아인이었다.

설계 변경의 과정에서 지하 정보센터의 건립이 추가되었고 지상의 조형물 수는 감소되었으며, 헬무트 콜의 제안으로 아이젠먼의 반대에도 불구하고 '티어가르텐Tiergarten' 방향에 나무가 심어졌다.

연방의회는 오랜 토론 끝에 1999년 6월 25일 이 추모 시설의 건립을 의결했다. 착공일은 2003년 4월 1일이었다. 그러나 그래피티 방지를 위한 특수 표면 처리를 담당한 회사의 자회사가 나치 때 유대인 학살에 사용된 독가스를 생산했던 기업이라는 사실이 밝혀지면서 공사는 착공 6개월 만인 2003년 10월에 중단되었다. 그렇지만 논란 끝에 공사는 계속되었고 2005년 5월 10일 준공식이 거행되었다.

묘비 또는 석관을 떠올리게 하는 이 콘크리트 조형물의 가로와 세로는 모두 2.38m, 0.95m로 동일한 규격이지만 높이는 바닥 면과 같은 높이에서부터 4m 이상에 이르기까지 다양하다. 내부는 비어 있고 두께는 약 15cm이다. 평균 무게는 약 8톤이다. 2,711개가 설치되었는데 이 숫자에 특별한 의미는 없다. 조형물은 모두 0.5~2도 정도 미세하게 기울어 있으며 통로로 사용되는 바닥 역시 평탄하지 않고 굴곡이 있다. 당시 유대인들의 불안을 표현하기 위한 것이다.

그런데 준공 3년이 지난 2008년부터 조형물에 균열이 생기기 시작했다. 원인 규명을 위해 2010년 12월 23일 밤 2개의 조형물이 비공개로 철거되어 '아헨Aachen' 공대의 건축연구소로 보내졌다. 하나는 그곳에서 해체되었고 다른 하나는 2011년 봄에 제자리로 돌아왔다. 따라서 현재 조형물은 2,710개이다.

균열은 햇볕을 받는 쪽의 80도에 이르는 내부 온도와 반대쪽 그늘진 곳의 온도 차에서 기인하는 것으로 알려졌다. 콘크리트 품질에 대한 의혹도 제기되었다. 다수의 조형물에는 균열과 붕괴 방지를 위한 고정 장치가 부착되었는데, 이 고정 장치에 녹이 스는 것도 문제가 되고 있다.

연방정부의 재정으로 2,760만 유로가 투입되었고 연간 200만 유로 이상의 유지 비용이 소요되는 이 추모 시설에 대한 비난 여론도 적지 않았다. 저널리스트 헨릭 브로더는 이것은 돈 낭비이며 그 돈으로 나치 치하에서 살아남아 폴란드나 체코 등지에서 궁핍한 생활을 하고 있는 유대인들을 실질적으로 돕는 것이 나을 것이라고 주장했다.

그리고 1998년 당시 '독일 유대인 중앙협의회 Zentralrat der Juden in Deutschland' 회장 이그나츠 부비스는 그러한 추모 시설은 유대인들과 상관 없는 일이며 독일 유대인 중앙협의회는 그 추모 시설 건립을 위한 후원 그룹의 구성원이 아니라는 사실을 밝혔다. 그뿐만 아니라 그러한 추모 사업은 나치의 범행과 죄과를 감소시키는 효과를 노리는 것이라는 비난도 있다.

이곳의 방문객 수는 준공된 첫 해인 2005년에 350만 명을 기록한 이래 해마다 증가 추세에 있다.

2008년 5월 9일 이 추모 단지의 건립 3주년을 맞이하여 음악회가 개최되었다. 이를 위해 작곡된 '하랄트 바이스 Harald Weiss'의 곡 '침묵 앞에서 Vor dem Verstummen'가 이곳에서 처음으로 연주되었다. 수천 명의 청중들은 조형물 사이사이 서 있는 위치에 따라 성악가와 24개 악기 소리의 울림이 다른 것을 체험할 수 있었다. 이 음악회는 비용 부담으로 인해 그때 단 한 번 개최되었다. 2013년부터는 새롭게 특수 녹음된 음악을 스마트폰 앱을 통해서 들을 수 있는데 2017년 7월 현재 아이폰만 지원된다.

학살당한 유럽 유대인 추모 조형물. 티어가르텐 방향에 나무가 심어져 있다. 그 너머가 티어가르텐이다.

휠체어 사용자를 위한 13개의 통로가 마련되어 있다.

지하 정보센터의 전시실

희생자들의 일기, 편지, 메모 등 기록물

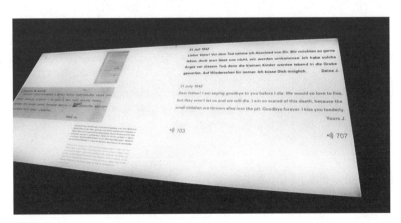

1942. 7. 31.

사랑하는 아빠! 죽기 전에 아빠한테 작별 인사 드려요. 우리는 정말 살고 싶어요. 그런데 그들이 우리를
그냥 두지 않아요. 우리는 죽을 거예요. 이렇게 죽는 것이 두려워요. 어린이들은 산 채로 구덩이에 던져
져요. 영원히 안녕. 아빠한테 진심으로 키스해요.

아빠의 J.

[] 티어가르텐 []

'티어가르텐Tiergarten'은 베를린의 중심부에 있는 공원으로서 면적 210ha 규모의 넓은 숲이다. 베를린의 동서 축을 이루는 도로인 '6월 17일의 거리 Straße des 17. Juni'를 비롯한 주요 도로가 관통하고 있고 그 교차로가 '큰 별 Großer Stern'이라고 불리는 광장이다. 그 광장 중앙에는 '승전탑 Siegessäule'이 있다.

'티어가르텐'은 독일어로 동물원 또는 사냥터라는 뜻이다. 본래 1527년에 브란덴부르크 선제후들의 사냥터로 조성되었다가 프로이센의 왕 프리드리히 1세 때부터 점차 숲 공원으로 바뀌기 시작했다. 프리드리히 대왕으로 불리는 프로이센의 왕 프리드리히 2세는 1742년에 티어가르텐을 시민들을 위한 공원으로 개조하도록 명을 내렸다.

티어가르텐은 제2차 세계대전 때 폭격으로 심하게 파괴되었다. 전쟁이 끝나고 1945년 7월 베를린 시 당국은 티어가르텐의 복구를 결정했다. 베를린 성립 750주년을 맞는 1987년에는 티어가르텐에 '카리용 Carillon'이 건립되었다. 카리용은 여러 개의 종으로 음악을 연주하는 악기로서 흔히 종탑에 설치된다.

티어가르텐의 카리용은 68개의 종이 들어 있는 42m 높이의 탑으로서 세계에서 네 번째로 큰 규모이다. 연간 연주 일정은 인터넷에 공지된다.*

티어가르텐은 1991년 베를린 시 당국에 의해 공원 기념물로 지정되었다.

---

* 영어 공지 사이트: http://www.carillon-berlin.de/concerts_eng.html

티어가르텐의 카리용

16. 강제노동 자료센터

나치 시대에 베를린에는 3,000여 곳의 수용소에 약 50만 명, 전 독일에는 3만여 곳의 수용소에 1,300만 명이 넘는 강제노동자들이 있었다. 유럽 각지의 나치 점령지역을 포함하면 강제노동자 수는 총 2,600만 명에 이르렀다. 그들은 주로 일반인들, 전쟁포로들, 그리고 강제수용소에 집단 수용되어 있던 유대인이나 집시들이었다.

강제노동자들이 없었으면 독일 경제가 붕괴되어 제2차 세계대전도 일찍 끝났을 것으로 생각될 만큼 전시 강제노동자들의 노동력은 독일 기업에 절대적인 요소였다. 그러나 그들은 나치가 패망하고 전쟁이 끝난 후에도 나치 범죄의 희생자로 인정받지 못한 채 오랫동안 잊혀졌었다.

그러다가 1990년대 말에 이르러서야 독일 연방정부와 '독일경제재단협의회 Stiftungsinitiative der deutschen Wirtschaft'가 나치 시대 강제노동자들에 대한 배상을 논의하기 시작했다.

그리고 독일 연방정부와 독일경제재단협의회가 각각 50억 마르크를 출연하여 강제노동자들에 대한 배상을 주된 목적으로 하는 '기억, 책임 그리고 미래 Erinnerung, Verantwortung und Zukunft' 재단을 2000년 8월에 설립했다. 재단의 소재지는 베를린이다.

독일경제재단협의회는 1999년 바스프, 루프트한자 등 16개 대기업의 참여로 시작되어 곧 26개 기업으로 확대되었으며 2000년 11월에는 참여 기업 수가 4,760개에 달했던 자발적 단체이다.

그러나 참여 기업의 수는 독일 전체 기업에 비하면 극히 일부에 불과했으며 심지어 참여 기업들 중에는 약정했던 금액의 출연 이행에 소극적인 경우도 있었다. 기업들의 재단 참여가 전시에 부당하게 부렸던 강제노동자들에 대한 사죄나 배상보다는 참여를 통해 얻게 되는 기업의 이미지 제고를 염두에 둔 경영 행위였음은 물론이다.

비록 재단 설립 초기에 기금 조성의 어려움은 있었으나 2007년 6월 12일 강제노동자에 대한 배상이 공식적으로 종결될 때까지 98개 국가의 166만여 명이 배상금을 받았다. 배상금은 강제노동자가 생존해 있을 경우에는 본인에게, 사망했을 경우에는 법정상속인에게 두 차례에 걸쳐 분할 지급되었다. 제한된 조건으로 인해 모든 강제노동자들이 배상금을 받은 것은 아니었다. 예를 들면 전쟁포로들의 강제노동은 배상의 대상이 되지 않았다.

베를린 '쇠네바이데 Schöneweide' 지역에 있는 '나치 강제노동 자료센터 Dokumentationszentrum NS-Zwangsarbeit'는 실제로 그곳에 있었던 나치 시대 강제노동자 수용 시설의 일부를 전시장으로 만들어 강제노동자들의 삶에 관한 기록을 전시하는 곳이다. 글과 사진, 동영상 등 다양한 매체가 활용되고 있다. 독일에서 유일한 이 자료센터는 2006년 8월에 설립되었다.

2017년 현재 열리고 있는 '강제노동의 일상 1938~1945'라는 주제의 상설전시는 3년 동안의 준비 작업을 거쳐 2013년 5월에 오픈한 것으로서 나치 점령 지역에서 끌려온 약 840만 명의 외국인 노동자들에 관한 내용이 주를 이룬다. 물론 강제노동을 했던 유대인, 집시, 전쟁포로 등의 운명도 조명된다.

17. 오토 바이트 맹인공장

'오토 바이트 맹인공장 Blindenwerkstatt Otto Weidt'은 빗자루와 솔을 만들어 주로 군납을 하던 공장이었으며 노동자들은 대부분 유대인 시각장애인들과 청각장애인들이었다. 공장주 오토 바이트는 나치 시대에 이들을 보호하고 목숨을 구하기 위해 온갖 노력을 다했던 인물이다.

오토 바이트 맹인공장 박물관은 베를린에서 박물관학을 공부하던 대학생들이 '로젠탈러 슈트라세 Rosenthaler Straße' 39번지 오토 바이트 맹인공장이 있던, 당시 비어 있던 공간에서 1999년 3월에 '맹목적 신뢰 Blindes Vertrauen'라는 주제의 전시회를 마련한 것이 계기가 되어 설립되었다.

전시회를 관람한 많은 사람들이 오토 바이트 맹인공장이 있던 장소가 보존되기를 원했으며 그 결과 2000년에 '후원협회 맹목적 신뢰 Förderverein Blindes Vertrauen'가 결성되었다. 오토 바이트 맹인공장이 있던 곳을 박물관으로 조성하여 보존하는 것이 목적이었다.

그렇게 시작된 박물관을 2002년 당시 연방대통령 요하네스 라우가 방문했다. 그는 박물관뿐만 아니라 오토 바이트처럼 나치 시대에 유대인들을 도왔던 독일인들에게도 많은 관심을 가졌으며 그런 독일인들을 위한 기념관 설립을 위해 최선을 다했다.

마침내 2004년에 연방정부와 베를린 '복권 재단 Stiftung Klassenlotterie'의 출연으로 재원이 마련되었고, 오토 바이트 맹인공장 박물관은 대대적인 수리 작업을 거쳐 2006년 12월에 새롭게 오픈했다. 그리고 바로 옆 자리에 나치 시대에 유대인들을 도왔던 '조용한 영웅들' 기념관이 2008년 10월에 개관했다.

'로젠탈러 슈트라세 Rosenthaler Straße' 39번지 입구. 박물관, 기념관, 전시장, 영화관, 카페, 주점 등이 입주해 있는 복합 건물이다. 이곳에는 오토 바이트 맹인공장 박물관뿐만 아니라 조용한 영웅들 기념관과 안네 프랑크 전시관도 있다. 위 사진의 아래쪽 바닥에 오토 바이트 맹인공장에 관한 안내판이 보인다.

이 건물에 오토 바이트의 맹인공장이 있었다.
이곳에서 1940년부터 1945년까지 주로 유대인 시각장애인들과 청각장애인들이 일했다.
바이트는 목숨을 걸고 그들을 보호했으며 그들을 죽음에서 구하기 위해 모든 것을 다했다.
여러 사람이 그 덕분에 살아남았다.

오토 바이트 맹인공장 박물관 입구

박물관 내부

오토 바이트 맹인공장에서 일했던 노동자들에 관한 자료를 검색할 수 있는 단말기이다. 화면의 인물은 2000년에 설립된 '후원협회 맹목적 신뢰'의 초대 회장이었던 잉에 도이취크론이다. 유대인인 그녀는 오토 바이트 맹인공장에서 일했었다.

1941년에 촬영된 오토 바이트 맹인공장의 기념사진. 앞에서 두 번째 줄 왼쪽에서 여섯 번째가 오토 바이트이다.

18. 조용한 영웅들

'조용한 영웅들 Stille Helden'은 나치 시대에 박해받던 유대인들을 도왔던 사람들을 일컫는 말이다. 독일에서 또는 독일이 점령했던 지역에서 위험을 무릅쓰고 유대인들을 도왔던 그들은 나치에 발각되어 목숨을 잃는 경우도 있었다. '로첸탈러 슈트라세 Rosenthaler Straße' 39번지에 오토 바이트 맹인공장 박물관과 나란히 있는 '조용한 영웅들 기념관 Gedenkstätte Stille Helden'은 그들의 행적을 전시하는 곳이다. 2008년 10월 27일 개관했다.

조용한 영웅들 기념관 입구

동영상을 보면서 헤드폰을 통해 독일어 또는 영어로 조용한 영웅들의 행적에 관한 설명을 들을 수 있다.

사진과 유품들도 전시되어 있다.

위 사진 속의 부부 하인리히와 마리는 1941년 11월 이웃 마을의 유대인 페르디난트 슈트라우스를 농장에 숨겨주었다. 사람들이 모두 서로 알고 지내는 작은 마을이었으므로 매우 위험한 일이었다. 결국 1942년 3월 누군가의 밀고로 그러한 사실이 발각되었다. 다행히 페르디난트 슈트라우스는 그곳을 빠져나가 스위스로 피신했다. 그러나 하인리히는 게슈타포에 의해 다하우 강제수용소로 끌려가서 그곳에서 1942년 10월 목숨을 잃었다. 게다가 마리는 1944년에 아들이 전사하는 아픔도 겪어야 했다. 그리고 유대인을 숨겨주다가 마을 사람에 의해 밀고되어 하인리히가 끌려가 목숨을 잃었다는 사실은 1945년 나치가 패망한 후에도 마을에서는 침묵 속에 묻혀졌다. 누구도 그 사건에 관해서 언급을 하려고 하지 않았던 것이다. 1965년 마리가 세상을 떠나고 오랜 시간이 지난 후인 1993년에야 하인리히와 마리 부부는 이스라엘 정부로부터 공로를 인정받았고 하인리히는 의인으로 선정되었다.

스필버그 감독의 영화 〈쉰들러 리스트〉를 통해 일반인들에게도 널리 알려진 오스카 쉰들러는 1967년 7월에 의인으로 선정되었고 1993년 7월에 부인 에밀리도 의인으로 선정되었다.

오스카 쉰들러의 도움으로 목숨을 구한 유대인들이 그에게 선물한 금반지. 새겨져 있는 히브리어는 탈무드에 있는 구절로서 '한 사람을 구하는 것은 전 세계를 구하는 것과 같다'는 의미이다.

쉰들러 부부에 관한 기록과 사
진들. 맨 아래에 반지가 있다.

[] 의인 []

'의인 Gerechter unter Völkern'은 나치 시대에 위험을 무릅쓰고 유대인을 도운 비유대인에게 이스라엘 정부가 부여하는 명예 칭호이다. 의인으로 선정되기 위해서는 유대인에 대한 구체적인 구조 행위와 그에 따르는 위험이 입증되어야 하며 도움에 대한 어떤 대가도 요구하지 않았어야 한다. 그리고 유대인이 아니어야 한다. 의인으로 선정되면 이스라엘 정부로부터 생활 보장 및 의료 지원을 받는다.

2015년 1월 현재 약 25,000명이 의인으로 선정되어 있으며 그중 폴란드인이 6,532명으로 가장 많은 수를 차지하고 있다. 그 뒤를 이어서 네덜란드인이 5,413명, 프랑스인 3,853명이다. 독일인은 569명이다.

19. 동성애 희생자 추모 조형물

나치가 집권한 후 독일에서는 역사상 유례 없는 동성애자 탄압이 시작되었다. 형법 제175조에 근거한 5만 건 이상의 유죄 판결이 있었으며 수천 명의 남성 동성애자들이 강제수용소로 끌려갔다. 여성 동성애자들은 법적으로 처벌되지는 않았으나 나치의 탄압 속에서 동성애자라는 사실을 숨겨야만 했다. 형법 제175조는 빌헬름 1세가 독일제국의 탄생을 선포했던 1871년의 제국 형법에서부터 존재했던 것으로 몇 차례의 개정을 거쳐 1994년에 폐지되었다.

나치가 패망하고 동서독 분단 후에도 동성애자들은 수십 년 동안 동독과 서독에서 모두 박해를 받았으며 나치에 희생된 동성애자들은 추모의 대상이 되지 못했다. 이들을 추모하는 조형물 건립에 관한 토론이 시작된 것은 독일 통일 후인 1992년이었다. 그리고 2002년 5월 17일 연방의회는 나치에 희생된 동성애자들을 법적으로 복권시켰고 2003년 12월 12일에는 추모 조형물 건립을 의결했다.

포츠담 광장에서 브란덴부르크 문 방향으로 가는 길 왼쪽 티어가르텐에는 '나치 시대에 박해받은 동성애자들을 위한 추모 조형물 Denkmal für die im Nationalsozialismus verfolgten Homosexuellen'이 설치되어 있다. 전면에 있는 작은 유리창을 통해서 동성애자들의 비디오를 볼 수 있도록 설계된 가로 1.9m, 높이 3.6m 규모의 이 콘크리트 조형물은 2008년 5월 27일 준공되었다.

길 건너편 가까운 곳에 있는 홀로코스트 희생자 추모 조형물과 마찬가지로 약간 기울어진 형태의 이 조형물은 준공 후 불과 3개월 만인 2008년 8월 17일 유리창이 깨뜨려졌으며 같은 해 12월 16일 그리고 2009년 4월 5일에도 유리창이 깨뜨려지거나 긁히는 손상을 입었다. 동성애 반대자들의 소행인 것으로

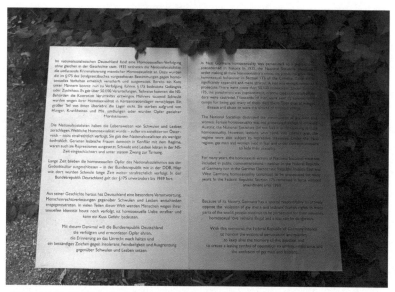

나치 독일에서는 역사상 유례 없는 동성애자 박해가 있었다. 1935년 나치는 남성 동성애를 포괄적 범죄로 규정했다. 동성애 행위에 대한 형법 제175조의 규정이 심하게 강화되고 확대되었다. 남자들끼리 키스만 해도 처벌될 수 있었다. 175조는 금고 또는 징역을 뜻했다. 5만여 명이 유죄 판결을 받았다. 일부에게는 나치 당국이 거세를 강제할 수 있었다. 수천 명의 남성 동성애자들이 동성애 때문에 강제수용소로 끌려갔다. 그들 대부분은 수용소에서 살아남지 못했다. 그들은 굶주림, 질병 그리고 학대로 인해 죽거나 의도적인 살인 행위의 희생자가 되었다.

나치는 남녀 동성애자들의 생활 환경을 파괴했다. 여성 동성애는 – 합병된 오스트리아를 제외하고 – 처벌받지 않았다. 여성 동성애는 나치에게 덜 위험한 것으로 간주되었다. 그렇지만 여성 동성애자들도 나치 정권과 문제가 생기면 박해를 받았다. 남녀 동성애자들은 나치 시대에 위축된 채로 항상 동성애자라는 사실을 숨기며 살아야 했다.

나치 시대의 동성애 희생자들은 – 서독에서도 동독에서도 – 오랫동안 추모 문화에서 배제되었다. 이곳에서나 그곳에서나 남성 동성애자들은 오랫동안 형법상 처벌의 대상이었다. 서독에서는 제175조가 1969년까지 변함없이 유효했다.

그러한 역사로 인해 독일에는 남녀 동성애자들의 인권 침해에 단호하게 맞서야 할 특별한 책임이 있다. 이 세상 많은 곳에서 사람들은 성 정체성 때문에 오늘날에도 박해받고 있으며 동성 간의 사랑은 처벌되고 키스는 위험을 의미할 수 있다.

이 기억물로써 독일연방공화국은 박해받고 학살당한 희생자들을 존중하며, 그 불의에 대한 기억을 생생하게 간직하고, 그리고 남녀 동성애자들에 대한 불관용, 적개심, 배척에 맞서는 변치않는 의지의 표시로 삼고자 한다.

여겨진다.

한편 '놀렌도르프플라츠 Nollendorfplatz' 일대는 베를린 동성애자들의 중심지이다. 동성애자들을 위한 음식점, 주점, 카페, 상점 등이 곳곳에 있으며 '크리스토퍼 스트리트 데이 Christopher Street Day' 1주일 전인 6월 셋째 주말에는 베를린 남녀 동성애자들의 거리 축제도 열린다.

나치 시대에 박해받은 동성애자들을 위한 추모 조형물

동성애자 용품을 판매하는 상점

동성애자들의 카페

놀렌도르프플라츠 지하철역 건물 벽에는 무지개 기가 걸려 있으며 나치에 희생된 동성애자들을 추모하는 조형물이 설치되어 있다.

살해당하고
침묵당하고

나치에 희생된
동성애자들을 위하여

'분홍색 삼각형'은 나치가 강제수용소의 동성애자들을 모욕적으로 구별하는 표시였다. 1933년 1월부터 놀렌도르프플라츠 주변의 거의 모든 동성애자들 음식점은 나치에 의해 폐쇄되거나 일제 단속을 통해 '분홍색 리스트'(동성애 카드)에 등재되었다.

Frankfurter Engel
1994

Künstlerin: Rosemarie Trockel
www.kunst-im-oeffentlichen-raum-frankfurt.de

프랑크푸르트에 있는 나치에 희생당한 동성애자들을 추모하는 조형물. '프랑크푸르트 천사 Frankfurter Engel'라고 명명된 이 조형물은 조각가이며 뒤셀도르프 미술대학교 교수인 로제마리 트로켈의 작품이다.

이 조형물이 있는 곳은 프랑크푸르트 시내 중심가에 위치한 '클라우스 만 광장 Klaus-Mann-Platz'이다. 클라우스 만은 나치가 집권하자 1933년 3월 독일을 떠나 프랑스, 네덜란드, 미국 등지에서 망명 생활을 했던 작가이다. 동성애자였던 그는 20세기 독일 문학의 대표자로 꼽히는 '토마스 만 Thomas Mann'의 아들이다. 소설 〈부덴브로크가의 사람들 Buddenbrooks〉로 1929년 노벨 문학상을 수상한 토마스 만도 동성애 성향의 소유자였다.

남녀 동성애자들이 나치 시대에 박해받고 학살당했다.
그러한 범죄는 부인되었고 죽은 사람들에 대해서는 아무도 말하지 않았으며
살아남은 사람들은 경멸당하고 죄인 취급을 받았다.
남자를 사랑하는 남자와 여자를 사랑하는 여자는 언제든 다시 박해받을 수 있다는 것을 의식하며
우리는 그러한 사실을 상기한다.
마인강변의 프랑크푸르트
1994년 12월

[] 동성결혼 합법화 []

2017년 6월 30일 연방의회는 동성결혼을 합법화했다. 표결에는 623명의 의원이 참가했고 찬성 393명, 반대 226명, 기권 4명으로 가결되었다. 따라서 동성결혼은 이성결혼과 동등한 법적 지위를 갖게 되었다. 자녀 입양도 가능하다.

이로써 독일은 합법적으로 동성결혼이 가능한 23번째 국가가 되었다. 세계 최초로 동성결혼을 합법화한 국가는 2000년 12월 21일 법안을 통과시켰던 네덜란드이다. 그 뒤를 이어 두 번째로 2003년 2월 13일 벨기에, 2005년 7월 1일 스페인, 2005년 7월 20일 캐나다가 동성결혼을 합법화했다.

프랑스는 2013년 5월에 13번째로, 영국은 2013년 7월에 16번째로, 미국은 2015년 6월에 19번째로 동성결혼을 합법화했다.

20. 삶으로 가는 열차 – 죽음으로 가는 열차

1938년 11월 9일 밤, 나치의 유대인 박해와 학살이 본격적으로 시작되었던 이른바 '수정의 밤 Kristallnacht'을 계기로 어린이들을 나치 치하에서 구출하려는 움직임이 영국에서 일어났다.

영국의 유력한 유대인들은 어린이 구출을 위해 어린이들의 입국 허용을 영국 정부에 요청했고 어린이들을 위한 재정 보증 등을 약속했다. 영국 정부는 이에 부응하여 입국 규정을 완화했고 영국 가정에 후견인이 되어 줄 것을 호소했다. 후견인이 있는 17세 이하의 어린이만 영국으로의 이주가 가능했기 때문이다.

첫 번째 어린이 운송은 1938년 11월 30일에 이루어졌으며 이때 196명의 어린이가 베를린의 '프리드리히슈트라세 Friedrichstraße' 역에서 열차를 타고 네덜란드로 가서 배를 타고 영국으로 건너갔다. 1939년 9월 1일 제2차 세계대전이 발발할 때까지 나치는 이러한 어린이 운송은 허용했었다.

체코슬로바키아의 유대인 어린이들도 이런 방식으로 구출되었다. 특히 영국의 금융인 '니콜라스 윈턴 Nicholas Winton'은 수차례에 걸쳐 프라하에서 어린이 669명을 구출한 것으로 유명하다. 그는 자신의 이러한 행적에 대해서 일절 언급을 하지 않았으나 1988년 그의 아내가 집에 보관되어 있던 당시의 자료를 발견함으로써 세상에 알려지게 되었다. 윈턴은 2015년 7월 1일 106세를 일기로 세상을 떠났다. 윈턴의 부모는 기독교로 개종한 독일계 유대인이었다.

한편 '트루스 이모'라고 불리는 네덜란드 은행가의 아내 게르트루데 비스물러 마이어는 1938년 11월부터 수차례 빈으로 가서 당시 오스트리아 유대인 이주 책임자였던 아이히만을 만나 5일 이내에 600명의 어린이가 하나의 트렁크, 하나의 손가방, 한 장의 사진만 소지한 채 영국으로 가도 좋다는 승낙을 받았다. 그녀가 주도하는 어린이 구출 활동은 놀랍도록 빠르게 진행되어 1938년 12월 11일에 첫 운송이 이루어졌으며 이후로도 제2차 세계대전이 발발할 때까지 계속되었다.

이러한 구출 활동을 통해 독일, 오스트리아, 폴란드, 체코슬로바키아 등지에서 나치를 피해 목숨을 구한 어린이는 1만여 명에 이르렀다. 베를린의 프리드리히슈트라세 역 앞에 있는 '삶으로 가는 열차 – 죽음으로 가는 열차 Züge in das Leben - Züge in den Tod'라는 명칭의 조형물은 이러한 어린이 구출 활동을 기념하기 위한 것이다.

이 조형물은 서로 반대 방향을 향하고 있는 두 그룹의 어린이들로 구성되어 있는데 밝은 구릿빛의 두 명은 구조된 어린이들을 의미하고 상대적으로 어두운 색깔의 다섯 명은 강제수용소로 끌려가 목숨을 잃은 어린이들을 상징한다. 조형물 아래의 철로는 이들이 모두 열차를 기다리고 있음을 나타낸다.

1939년 8월에 14명의 어린이들과 함께 고향 단치히를 떠나 베를린의 프리드리히슈트라세 역에서 열차를 타고 네덜란드로 가서 다시 배를 타고 런던으로 건너가 살아남은 조각가 프랑크 마이슬러가 제작한 이 조형물은 첫 번째 운송의 70주년이 되는 2008년 11월 30일에 제막식을 가졌다. 마이슬러의 부모는 아우슈비츠에서 목숨을 잃었다.

당시의 어린이 구출 활동을 기념하는 조형물은 베를린뿐만 아니라 2006년 9월 영국의 런던, 2009년 5월 폴란드의 단치히, 2011년 11월 네덜란드의 로테르담, 그리고 2015년 5월에는 함부르크에도 설치되었다. 모두 마이슬러의 작품이다. 한편 여류 조각가 플로어 켄트의 작품도 2003년 9월에 런던, 2008년 3월에 빈, 2009년 9월에 프라하에 설치되었다.

유대인 어린이들을 영국만 받아들인 것은 아니었다. 네덜란드는 1,500명을 받아들였고 벨기에는 1,000명, 프랑스는 600명, 스위스는 300명, 스웨덴은

450명을 받아들였다.

영문을 모르는 어린이들은 부모로부터 버림받은 것으로 생각하여 괴로워했고, 상황을 이해하는 어린이들은 나치 치하에서 부모 형제가 처해 있는 위험을 생각하며 괴로워했다. 제2차 세계대전이 일어나자 영국의 후견인들이 어린이들을 난민 수용소로 보내는 일도 발생했다. 많은 어린이들은 전쟁이 끝나고 나서야 비로소 자세한 상황과 독일에 남아 있던 가족들의 운명을 알 수 있었다.

한편 2016년 3월 27일 〈워싱턴포스트 Washingtonpost〉의 보도에 따르면 영국 상원의원 '앨프 덥스 Alf Dubs'가 현재 유럽 곳곳에 흩어져 있는 난민 어린이들을 영국으로 받아들이기 위해 발의한 이민법 개정안이 2016년 3월 21일 찬성 306명, 반대 204명으로 영국 상원을 통과했다. 앨프 덥스는 나치 때 프라하에서 구출되었던 유대인 어린이들 중 한 명이었다.

프리드리히슈트라세 역 건물의 유리창에 이 조형물과 당시의 상황에 대한 설명이 기록되어 있다.

왼쪽의 글은 첫 번째 어린이 운송 70주년이 되는 2008년 11월 30일에 이스라엘의 예술가 프랑크 마이슬러가 이 조형물을 베를린 시에 선물했다는 설명이다. 독일어와 영어로 쓰여 있다.

삶으로 가는 열차

어린이 운송 – 삶으로 가는 열차 1938~1939

1938년 11월 9일 끔찍한 학살의 밤 이후 영국 의회는 독일, 합병된 오스트리아, 체코슬로바키아, 자유도시 단치히 그리고 폴란드 도시 즈바진에서 혼자 오는 유대인 어린이들에게 입국을 허가했다.

1938년 11월 30일 190명의 어린이가 첫 번째 어린이 운송을 위한 특별칸에 타고 베를린 프리드리히슈트라세 역을 떠났다. 그 후 9개월 동안 10,000명의 어린이가 베를린과 뮌헨, 쾰른, 라이프치히, 함부르크, 단치히, 쾨니히스베르크, 빈, 프라하 등지의 역에서 가족과 헤어져 영국으로 떠났다. 이를 주도한 것은 유대인 공동체와 퀘이커 교도들이었다.

어린이 운송은 아헨 근처의 독일 국경까지 게슈타포가 감시했다. 네덜란드의 조력자들이 피난 어린이들이 배를 타고 계속 갈 수 있도록 도왔다. 훅반홀란트(로테르담)에서 배를 타고 온 어린이들은 하리치에, 여름 수용소 도버코트에, 나중에는 영국의 후견 가정과 구호시설에 받아들여졌다. 후견 부모와 숙소는 피난민 위원회가 조정했다. 시민들의 성금도 답지했다. 어린이들과 후견 부모의 만남은 주로 리버풀스트리트 런던 역에서 이루어졌다. 어린이들의 영국 사회 통합은 배려 있게 이루어졌다. 그러나 몇몇은 종업원으로 이용당하거나 소홀히 취급되었다.

다른 열차를 타고 죽음의 수용소로 떠난 가족이 있는 어린이의 80%는 살아남은 것에 대한 죄책감이 항상 있다. 가정주부, 의사, 교수 그리고 작가가 된 그들은 학교에서 어린이 운송을 통해 자신들이 구조된 것에 대해서 이야기한다. 어느덧 조부모가 되고 증조부모가 되었지만 자기들 자신을 여전히 "어린이들"이라고 칭한다. 끌려간 가족들에게, 후견 가족들에게, 어린이들에게 그리고 어린이 운송 주선자들에게 이 조각품들이 헌정되었다. 세계 조력자들을 대표하여 게르트루데 비스물러 마이어(암스테르담)와 니콜라스 윈턴(런던)의 이름을 여기에 밝힌다. 베르타 레버톤은 1989년 하리치에서 어린이들의 첫 번째 만남을 주선했다. 이어서 세 번의 만남이 계속 이루어졌다. 단치히에서 태어났고 어린이 운송을 통해서 살아남은 예술가 프랑크 마이슬러가 자신의 조각 작품으로 운송 역들을 기록한다.

2006년 9월   런던 – 리버풀 스트리트 역
2008년 3월   빈 – 서역 (플로어 켄트)
2008년 11월 베를린 – 프리드리히슈트라세
2009년 5월   단치히 – 중앙역

어린이 운송의 유럽 루트는 앞으로 조각품들을 통해서 완성될 것이다.

죽음으로 가는 열차

어린이 운송 – 죽음으로 가는 열차 1941~1945

나치는 1933년 권력을 장악한 후 유대인들과 다른 소수 민족들을 차별하고 배척하고 박해했다. 그들은 망명을 떠나거나 끌려가서 목숨을 잃었다. 1941년 9월부터 독일제국의 유대인들은 "유대인"이라고 쓰인 노란색 별을 옷에 부착하는 것이 의무가 되었다. 유대인 어린이들이 독일 학교에 다니는 것은 금지되었다. 유대인들은 영화관, 극장, 스포츠 시설, 레스토랑에 갈 수 없었고 다른 제재 조치들을 통해서 모든 인권을 박탈당했다.

1941년 가을에 독일 유대인들의 동유럽 게토와 수용소(특히 바르샤바, 리가, 민스크)로의 강제이송이 시작되었다. 어린이, 환자, 노약자 무차별이었다. 강제이송을 위한 갖가지 본부와 지역 관청이 있었다. 게슈타포, 경찰, 그리고 몇몇 지역에서는 친위대와 군부대 등도 참여했다. 관할 지역의 게슈타포는 "출국" 예정인 사람들에게 통지를 했다. 그들은 경찰에게 집합 장소로 끌려가 화물열차에 실릴 때까지 관청의 허가 없이는 집을 떠날 수 없었다. 학살수용소로 끌려간다는 것을 그들은 몰랐다. 독일제국열차는 유대인 공동체에 운송요금으로 킬로미터당 어른은 4페니히, 어린이는 2페니히를 요구했다. 비인간적인 운송조건으로 인해 열차 운행 도중에 벌써 사망자가 나왔다.

살인공장의 벽면에서 남자들, 여자들, 어린이들이 수용소 의사에 의해 분리되었다. "노동 무능력"으로 분류된 사람들은 갓난아이와 마찬가지로 즉시 살해당했다. 강제수용소와 게토의 생활조건은 극도로 열악하여 수많은 사람들이 영양실조와 질병으로 사망했다. 모든 수용자들과 마찬가지로 어린이와 청소년들도 날마다 힘든 육체노동을 해야만 했다. 많은 사람들이 수용소 의사의 의학 실험 대상이 되었다. 집단총살로는 충분하지 않았기 때문에 가스실이나 불에 태우는 시설을 만들어 "완벽하게" 학살했다. 강제수용소 아우슈비츠는 독일 유대인뿐만 아니라 전 유럽인들을 덮쳤던 나치의 집단학살에 대한 상징이다. 수백만 명의 사람들이 이러한 학살의 광기에 목숨을 잃었다.

그중에는 150만 명의 유럽 유대인 어린이들이 포함되어 있었다.

비교적 밝은 구릿빛의 두 명은 구조된 어린이들을 상징한다.

어두운 색깔의 다섯 명은 강제수용소로 끌려가 목숨을 잃은 어린이들을 상징한다.

니콜라스 윈턴의 어린이 구출을 기념하는 프라하 역의 조형물

오스트리아 빈 '서역 Westbahnhof'에 있는 조형물

21. 그로세 함부르거 슈트라세

'그로세 함부르거 슈트라세 Große Hamburger Straße'에는 1672년에 조성된 유대인 공동묘지가 있었다. 그 공동묘지는 프로이센의 주거지역 공동묘지 금지 규정에 따라 1827년에 다른 곳으로 이전했고, 옛 공동묘지는 그대로 보존되었지만 더 이상 매장은 할 수 없었다.

1828년에 베를린 최초의 유대인 양로원이 옛 공동묘지 바로 근처인 '오라니엔부르거 슈트라세 Oranienburger Straße'에 건립되었고 1844년에 그로세 함부르거 슈트라세의 신축 건물로 이전했다. 그리하여 옛 공동묘지는 양로원의 공원처럼 이용되었다. 그리고 1778년으로 소급되는 오랜 역사를 가진 인근의 유대인 초등학교는 공동묘지를 자연 학습장으로 이용했다.

1942년에 나치는 그 양로원과 초등학교를 모두 폐쇄하고 유대인 임시수용소로 만들었다. 유대인들을 아우슈비츠 등 죽음의 수용소로 끌고가기 전에 임시로 수용하는 장소였다. 베를린에서 레베초슈트라세 임시수용소에 이어 두 번째로 큰 규모였다.

나치는 1943년에 옛 공동묘지를 파헤쳐 폐허로 만들었고, 양로원은 1945년 제2차 세계대전이 끝날 무렵에 파괴되었다.

초등학교는 1993년 다시 문을 열었다. 공동묘지는 2007~2008년 복구 작업을 거쳐 2008년 9월에 다시 문을 열었다.

그로세 함부르거 슈트라세 26번지, 과거의 양로원이 있던 곳, 오늘날의 공동묘지 입구에는 나치 시대의 희생자들, 특히 그곳에서 죽음의 수용소로 끌려간 유대인들을 추모하는 조형물이 설치되어 있다. 조각가 빌 라메르트의 작품 '파시즘의 유대인 희생자들 Jüdische Opfer des Faschismus'이다.

오른쪽이 공동묘지 입구이고 중앙의 약간 왼쪽에 추모 조형물이 있다. 그 왼쪽 담장에는 추모판이
부착되어 있다.

이곳에 베를린 유대인 공동체 최초의 양로원이 있었다. 1942년에 게슈타포가 그 양로원을
유대인 임시수용소로 만들었다. 젖먹이부터 노인에 이르기까지 55,000명의 베를린 유대인이
아우슈비츠와 테레지엔슈타트 강제수용소로 끌려가서 무자비하게 살해되었다.

그것을 결코 잊지 마라

전쟁을 방지하라

평화를 지켜라

22. 테러의 지형

'테러의 지형 Topographie des Terrors'은 나치 시대의 공포 정치에 관한 상설 전시이다. 히틀러의 권력 장악에서 패망에 이르기까지 나치가 저지른 범죄 행위 등 당시의 상황이 주제별로 설명과 함께 전시되어 있다.

전시 장소는 과거에 '프린츠-알브레히트-슈트라세 Prinz-Albrecht-Straße'였다가 1951년에 개명된 '니더키르히너슈트라세 Niederkirchnerstraße' 8번지이다. 그곳은 나치의 비밀경찰과 친위대 그리고 1939년에 비밀경찰과 친위대의 보안과가 통합되어 조직된 국가보안본부가 있던 곳이다.

당시의 건물은 제2차 세계대전 때 폭격으로 파괴되었으며 일부 남아 있던 건물도 전후에 모두 철거되었다. 그러한 건물들이 있던 곳, 즉 나치 권력의 심장부였던 곳에 당시 연방 대통령 호르스트 쾰러가 참석한 가운데 2010년 5월 6일 약 800m² 규모의 기록물 센터가 공식적으로 문을 열었고 바로 그곳에서 '테러의 지형'이 전시되고 있는 것이다.

한편 기억물로 보존되어 있는 베를린 장벽을 따라 마련된 야외 전시는 '베를린 1933~1945, 프로파간다와 테러의 사이'라는 제목으로 나치가 베를린에서 실시했던 정책과 그것이 시민들에게 끼친 결과를 보여준다. 이 전시는 2010년 여름에 시작되어 2017년 여름 현재까지 계속되고 있다.

모든 전시 자료에는 독일어와 영어 설명이 나란히 제시되어 있으며 음성 자료 또는 동영상 자료가 제공되기도 한다.

뉘른베르크 재판을 위한 수사 과정에서 작성되었던 국가보안본부 요원들의 인적사항 기록 카드

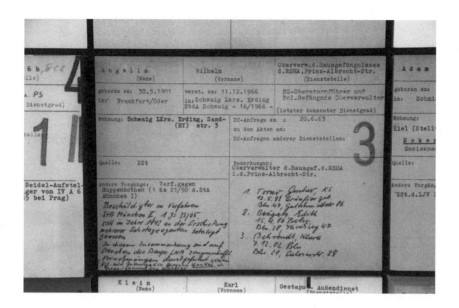

"우리는 항복하지 않는다, 절대로. 우리가 몰락할 수도 있다. 그러나 우리는 하나의 세계를 갖고 갈 것이다."
아돌프 히틀러, 1945

23. 집시 희생자 추모 조형물

　나치는 유대인뿐만 아니라 집시에 대해서도 말살 정책을 폈다. 대부분의 집시들은 아우슈비츠로 끌려갔으며 강제노역, 굶주림, 질병 또는 폭행으로 인해 사망하거나 가스실에서 목숨을 잃었다. 희생자 수는 50만 명에 이를 것으로 추정된다.

　1992년 연방정부는 이들을 추모하는 조형물 설치를 승인했다. 그러나 집시를 가리키는 독일어 표현에 관한 의견 대립 그리고 집시 학살과 유대인 학살이 동등하게 비교될 수 있는가에 관한 논쟁 등으로 인해 공사 시작은 오래도록 지연되었다.

　연방정부는 집시를 '치고이너 Zigeuner'라는 단어로 표현하고자 했으나 1982년에 독일 각지의 수십 개 집시 단체가 모여 결성된 '독일 신티와 로마 중앙협의회 Zentralrat Deutscher Sinti und Roma'는 이를 거부하며 '신티와 로마'라는 표현의 사용을 요구했다. 반면 2000년에 발족된 '독일 신티 연합회 Sinti Allianz Deutschland'는 치고이너는 '랄레리 Lalleri', '로바라 Lowara', '마누쉬 Manusch' 등 다른 집시 그룹들도 포괄하는 용어이므로 괜찮다는 입장을 보였다.

　치고이너는 사회적 규범에서 벗어난 유랑 민족을 가리키는 말로서 인종 차별적 의미가 내포된 것으로 인식되어 현재 독일에서 거의 쓰이지 않는다. 집시를 가리킬 때는 '로마 Roma' 또는 '신티 Sinti'라는 용어가 사용된다. 로마는 인도유럽 어족의 분파인 인도아리아어를 사용하는 그룹에 대한 상위 개념으로서 역사적으로 지리적으로 공통의 기원을 가진 것으로 추정된다.

　그들은 최소한 700년 이상 유럽에 거주한 소수민족이며 상이한 여러 그룹으로 나뉜다. 신티는 그중 하나이며 독일 최대의 그룹이다. 독일에서 '신티와 로마'는 많은 분파를 포함한 전체 로마를 가리키는 의미로 사용된다. 같은 의미이지만 오스트리아에서는 어순을 바꾸어 '로마와 신티'라는 표현이 주로 쓰인다. 오스트리아에서는 신티가 소수이기 때문이다.

집시를 가리키는 이러한 독일어 표현 및 집시 말살 연대기의 내용에 관한 오랜 토론을 거친 끝에 '나치 시대에 학살당한 유럽의 신티와 로마 추모 조형물 Denkmal für die im Nationalsozialismus ermordeten Sinti und Roma Europas'은 2008년 12월에 착공되었다. 2009년에 완공될 예정이었으나 설계자인 이스라엘 조각가 다니 카라반과 시공사의 세부적인 공법 갈등으로 인해 공사가 늦어져 2012년 10월에야 준공식이 거행되었다. 약 280만 유로의 공사 비용은 연방정부가 지원했으며 부지는 베를린주 정부가 제공했다.

둥근 수조 모양의 이 추모 조형물은 연방의회 남쪽 티어가르텐의 브란덴부르크 문 가까운 곳에 설치되어 있으며 밖에서 보았을 때 입구의 오른쪽 유리벽에 1933년부터 1945년까지의 집시 말살 연대기가 영어로 기록되어 있다. 유리벽 안쪽에는 독일어로 쓰여 있다.

입구 맞은편 연방의회 쪽 유리벽에는 헬무트 슈미트와 로만 헤어초크가 각각 연방수상과 연방대통령이었을 때 나치의 집시 학살이 유대인 학살과 같은 민족 말살 범죄임을 인정했던 언급이 독일어와 영어로 기록되어 있다.

집시 말살 연대기의 내용은 뮌헨의 '시대사 연구소 Institut für Zeitgeschichte'와 쾰른의 '나치-문서센터 NS-Dokumentationszentrum'가 작성했다. '집시 말살 연대기'라는 표제에서 집시를 가리키는 표현으로는 '신티와 로마'가 사용되었고 연대기의 내용에서는 맥락에 따라 치고이너, 신티, 로마, 칼레리, 로바라, 마누쉬 등 여러 표현이 함께 사용되었다.

입구 오른쪽 유리벽에는 집시 말살 연대기가 기록되어 있다.

이 추모 조형물의 둥근 형태는 평등을 나타내고 물은 눈물을 상징한다.

이 조형물은 불규칙한 크기의 수많은 석판으로 둘러싸여 있는데 일부 석판에는 강제수용소가 있던 곳의 지명이 새겨져 있다.

가운데 설치된 삼각형은 강제수용소 수용자들의 옷에 부착되어 있던 식별 표시를 의미한다. 삼각형 위에 놓여 있는 꽃은 목숨, 슬픔, 기억을 상징하는 것으로 시들면 교체된다.

이 조형물의 테두리에는 이탈리아 집시이며 음악가이고 이탈리아 트리스트 대학의 집시 언어와 문화 교수인 산티노 슈피넬리의 시 〈아우슈비츠〉가 독일어와 영어로 새겨져 있다. 시 전문은 다음과 같다.

(독일어)
Eingefallenes Gesicht / erloschene Augen / kalte Lippen / Stille /
ein zerrissenes Herz / ohne Atem / ohne Worte / keine Tränen.

(영어)
Pallid face / dead eyes / cold lips / Silence /
a broken heart / without breath / without words / no tears.

(독일어의 번역)
야윈 얼굴 / 빛을 잃은 눈 / 차가운 입술 / 침묵 /
찢어진 가슴 / 숨도 안 쉬고 / 말도 없고 / 눈물도 없네.

입구 맞은편으로 연방의회 건물이 보인다.

연방의회 쪽 유리벽 양면에는 집시 학살이 유대인 학살과 마찬가지로 민족 학살 범죄임을 인정했던 헬무트 슈미트와 로만 헤어초크의 언급이 독일어와 영어로 기록되어 있다.

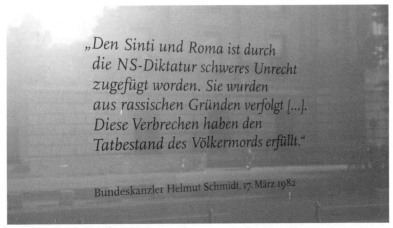

„Den Sinti und Roma ist durch die NS-Diktatur schweres Unrecht zugefügt worden. Sie wurden aus rassischen Gründen verfolgt [...]. Diese Verbrechen haben den Tatbestand des Völkermords erfüllt."

Bundeskanzler Helmut Schmidt, 17. März 1982

"신티와 로마는 나치 독재 시대에 심한 불의를 겪었다. 그들은 인종적인 이유로 박해당했다 [...]. 그러한 범죄는 민족 학살의 구성 요건을 충족시켰다."

연방수상 헬무트 슈미트, 1982년 3월 17일

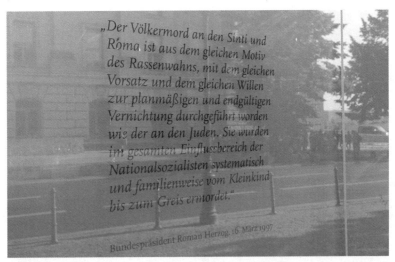

„Der Völkermord an den Sinti und Roma ist aus dem gleichen Motiv des Rassenwahns, mit dem gleichen Vorsatz und dem gleichen Willen zur planmäßigen und endgültigen Vernichtung durchgeführt worden wie der an den Juden. Sie wurden im gesamten Einflussbereich der Nationalsozialisten systematisch und familienweise vom Kleinkind bis zum Greis ermordet."

Bundespräsident Roman Herzog, 16. März 1997

"신티와 로마에 대한 민족 학살은 유대인 학살과 같은 광적인 민족 우월감의 동기에서, 유대인 학살과 마찬가지로 계획적이며 최종적인 절멸의 의도와 의지를 갖고 실행되었다. 그들은 나치의 모든 점령지역에서 체계적으로 그리고 어린이부터 노인에 이르기까지 가족 단위로 학살당했다."

연방대통령 로만 헤어초크, 1997년 3월 16일

24. 마르찬 집시 수용소

1936년 베를린 올림픽을 앞둔 나치는 집시 없는 베를린을 조성하기 위해 시 동쪽 외곽 지역인 '마르찬 Marzahn'에 수용소를 마련하고 집시들을 집단 수용했다. 집시들은 그곳에서 강제노동을 하다가 죽음의 수용소 아우슈비츠로 끌려가 대부분 목숨을 잃었다.

1936년부터 1945년까지 집시 수용소가 있던 곳인 '오토-로젠베르크-슈트라세 Otto-Rosenberg-Straße' 어귀의 '오토-로젠베르크-플라츠 Otto-Rosenberg-Platz'에는 그러한 역사를 기억하고 그들을 추모하기 위한 안내판이 2011년 12월에 설치되었다.

오토-로젠베르크-슈트라세는 본래 '볼페너 슈트라세 Wolfener Straße'였으나 2007년 12월 16일 현재의 이름으로 개명되었고, 당시 이름이 없던 거리 어귀의 광장은 오토-로젠베르크-플라츠로 명명되었다. 독일어로 '슈트라세'는 '거리'라는 뜻이고 '플라츠'는 '광장'이라는 뜻이다.

동프로이센 출신의 오토 로젠베르크는 아우슈비츠 생존자로서 독일 신티와 로마의 사회적 평등을 위해 진력했으며 1987~2001년 베를린-브란덴부르크 신티와 로마 협회장을 역임했다.

팻말에 '오토-로젠베르크-플라츠'라고 쓰여 있다.

마르찬 집시 수용소에 관한 설명이 쓰인 안내판들

[] 마르찬 공원묘지 []

　오토-로젠베르크-플라츠와 인접해 있는 '마르찬 공원묘지 Parkfriedhof Marzahn'에는 나치에 희생된 집시들을 추모하는 추모석이 설치되어 있다. 추모석은 1986년에 설치되었고 추모석 앞의 석판은 1990년에, 왼쪽의 동판은 1991년에 추가되어 오늘날의 형태를 갖추었다.

마르찬 공원묘지에 있는 집시 추모석. 이 길을 따라가면 오토-로젠베르크-플라츠에 이른다.

1936년 5월부터 명예로운 소련군에 의해 우리 국민이 해방될 때까지 이곳에서 멀지 않은 곳의
강제수용소에서 수백 명의 신티들이 고통을 겪었다. 희생자들을 추모하며.

1936년 5월부터 1945년 5월까지
마르찬 집시 수용소에서 고통받고 아우슈비츠에서 목숨을 잃은 베를린의 신티를 추모하며

신과 함께 머무르라

옛날 이 묘지의 북쪽에 있던 하수 처리가 된 밭에 나치는 1936년 올림픽을 앞두고 집시 수용소를 설치했다. 그곳에서 수백 명의 신티와 로마가 강제로 거주해야만 했다.

음침한 가건물의 비좁은 공간에서 그들은 비참한 생활을 이어갔다. 중노동, 질병 그리고 굶주림에 희생되었다. 나치는 사람들을 임의로 끌고가고 체포했다. 굴욕감을 느끼게 하는 "인종위생적인 진찰"은 두려움과 공포를 일으켰다.

1943년 봄 대부분의 "구금자들"은 아우슈비츠로 이송되었다. 남자와 여자들, 노인과 어린이들이었다.

극소수만 살아남았다.

25. 장애인 희생자 추모 조형물

　나치는 정신적으로 또는 신체적으로 장애가 있거나 불치병을 앓고 있는 사람들을 안락사라는 이름으로 집단 학살했다. 그 희생자 수는 1940년부터 1941년 8월 사이에 7만여 명에 이르렀다.

　장애인이나 불치병 환자의 안락사에 관해서는 19세기에 이미 많은 토론이 있었으며 그 토대가 된 것은 영국의 유전학자 프랜시스 골턴이 1883년에 창시한 우생학이다. 우생학은 우수하고 건강한 유전자를 가진 인구의 증가를 꾀하고 열악하거나 병든 유전자를 가진 인구의 증가를 방지함으로써 인류의 유전적 개량을 목적으로 삼는다.

　나치는 집권 직후 우생학을 보건정책의 기초로 삼아 1933년 7월에 '유전병 후손 방지법 Gesetz zur Verhütung erbkranken Nachwuchses'을 제정하여 정신분열증, 조울증, 간질, 무도병 등의 환자와 맹인, 농아, 백치 등 40만 명에 이르는 남녀에게 강제로 불임수술을 실시했다.

　그리고 1935년 9월에는 '독일인의 혈통과 명예 보호법 Gesetz zum Schutz des deutschen Blutes und der deutschen Ehre'을 제정하여 유대인과 비유대인의 결혼 및 성교를 금지했으며 같은 해 10월에는 '독일 민족의 유전적 건강 보호법 Gesetz zum Schutz der Erbgesundheit des deutschen Volkes'을 제정하여 유전병이 있거나 정신질환이 있는 사람의 결혼을 금지했다.

　나치는 더 나아가 정신적 또는 신체적 장애인들의 생존권 자체에 의문을 제기했다. 그에 대한 근거로 사용된 것은 라이프치히 대학 교수이며 형법학자인 카를 빈딩과 프라이부르크 대학 교수이며 정신과 의사인 알프레트 호혜가 공동으로 저술한 〈살 가치가 없는 생명의 말살 허용 Die Freigabe der Vernichtung lebensunwerten Lebens〉이었다. 1920년에 초판이 간행되어 많은 논란이 되었던 그 책은 장애인이나 불치병 환자 또는 정신적으로 죽은 것과 마찬가지인 백치 등의 안락사가 허용되어야 한다는 내용이다.

한편 1925년에 초판이 나온 〈살 가치가 없는 생명의 단축 문제 Das Problem der Abkürzung lebensunwerten Lebens〉는 의사 에발트 멜처가 안락사를 반대하는 입장에서 저술한 책이다. 그는 정신박약 어린이를 위한 특수교육시설의 책임자였다. 그런데 그의 책에는 "당신의 자녀가 불치의 정신박약이라면 안락사에 동의하겠는가?"라는 질문에 놀랍게도 부모들의 73%가 "예"라고 응답했다는, 그가 1920년에 부모들을 상대로 한 설문조사의 결과가 실려 있었다. 그 설문조사의 결과는 나치에게 장애인 학살의 정당화를 위한 근거로 이용되었다.

본격적인 학살은 히틀러가 1939년 10월에 비서실장 필립 불러와 주치의 카를 브란트에게 장애인과 불치병 환자의 안락사를 주도할 전권을 주면서 시작되었다. 1940년 봄에 '티어가르텐슈트라세 Tiergartenstraße' 4번지에 본부가 설치되었고 안락사 학살이 비밀리에 기획 추진되었다. 제2차 세계대전이 끝난 후 나치의 안락사 학살은 본부가 있던 곳의 주소 티어가르텐슈트라세 4번지를 단축하여 'T4 작전 Aktion T4'이라고 불렸다.

학살은 주로 독가스로 진행되었으며 시체는 불에 태워졌다. 사망진단서에는 조작된 병명을 기입하여 가족들에게 자연사로 위장했다. 가족들은 처음에는 수용 시설과 의사들을 신뢰했으나 사망자가 점점 증가하면서 집단 학살이 세상에 알려지게 되었고 신뢰는 불신으로 바뀌었다. 법조계와 종교계 인사들의 반대도 확산되었다.

특히 판사로서는 유일하게 '로타 크라이시히 Lothar Kreyssig'가 1940년 7월에 장애인들이 집단 학살되고 있다는 의심을 갖게 되었고 법무부 장관을 통해 그러한 학살이 총통 비서실의 주도로 이루어지고 있다는 사실을 확인한 다음에 비서실장 필립 불러를 살인 혐의로 고발했다. 그러나 로타 크라이시히는 그

후 강제 휴직을 당했으며 결국 1942년 3월에 히틀러의 명령으로 해직되었다.

　장애인 학살의 중지에 결정적인 영향을 끼친 것은 '클레멘스 아우구스트 그라프 폰 갈렌 Clemens August Graf von Galen' 주교의 공공연한 반대 강론이었다. 그는 1941년 7월 13일, 7월 20일, 8월 3일의 강론을 통해 나치에 대한 비판을 서슴지 않았으며 특히 8월 3일의 강론에서는 나치의 장애인 안락사를 살인으로 규정하며 정면으로 비판했다.

　당시 '베스트팔렌 Westfalen'의 주도였던 '뮌스터 Münster'에서의 강론 내용은 전 독일에 알려졌고 안락사 반대 여론이 형성되었다. 결국 히틀러는 1941년 8월 24일 T4 작전 중지 명령을 내렸다. 그러나 여론을 의식한 명목상의 중지 명령이었을 뿐 실제로는 학살이 중지되지 않았고 곳곳에서 계속되었다.

　안락사라는 이름으로 자행되었던 그 집단 학살을 기획하고 추진한 T4 작전 본부가 있었던 곳, 오늘날 그곳에는 베를린 필하모니가 있다. 그리고 베를린 필하모니 근처에는 T4 작전의 희생자들을 기억하고 추모하기 위한 각종 자료

베를린 필하모니 정문 앞의 버스 정류장에는 T4 작전과 홀로코스트, 그리고 학살에 참여했던 크리스티안 비르트의 행적에 관한 설명이 독일어와 영어로 쓰인 안내판이 부착되어 있다.

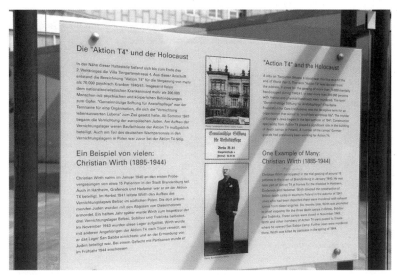

T4 작전과 홀로코스트

제2차 세계대전이 끝날 때까지 이 정류장 근처 티어가르텐슈트라세 4번지에 대저택이 있었다. 그곳에서 1940/41년 70,000명 이상의 정신질환자를 독가스로 살해하는 "T4 작전"이 시작되었다. 총 20만 명 이상의 정신 및 신체 장애인들이 나치의 환자 학살로 목숨을 잃었다. "살 가치가 없는 생명의 말살"을 목적으로 하는 그 조직의 위장 명칭은 "보호시설 공익재단"이었다. 1941년 여름부터 유럽 유대인들의 말살이 시작되었다. 말살수용소 건설에는 T4 작전의 건축 전문가들이 깊이 관여했다. 폴란드 말살수용소의 독일인 경비 인력 일부도 T4 작전에 참여했던 이들이었다.

많은 사람들 중 하나의 예:
크리스티안 비르트 (1885~1944)

크리스티안 비르트는 1940년 1월에 브란덴부르크 시의 약 15명 환자들을 독가스로 살해하는 처음 몇 차례의 실험에 참여했다. 하르트하임, 그라페네크 그리고 하다마르에서도 그는 T4 작전에 참여했다. 그는 1941년 가을 폴란드 남부의 벨체크 수용소 건설 책임자였다. 그곳으로 끌려온 유대인들은 디젤 엔진의 배기가스로 살해되었다. 반년 후 크리스티안 비르트는 벨체크, 소비보르, 트레블링카 3개 수용소의 감독관으로 승진했다. 1943년 11월에 그 수용소들은 폐쇄되었다. 크리스티안 비르트는 T4 작전을 수행했던 다른 사람들과 함께 트리스트로 전임되어 그곳에 산사바 수용소를 설치하고 유대인들의 학살에 참여했다. 그는 1944년 봄 게릴라전에서 총에 맞아 사망했다.

티어가르텐슈트라세 4번지에 있었던 T4 작전 본부 건물. 본래 유대인 사업가 게오르크 리버만의 저택이었던 이 건물은 나치의 집권 후 몰수되어 1940년 4월부터 T4 작전 본부로 사용되었다. 제2 차 세계대전 때 폭격으로 파괴되어 현존하지 않는다.

미국 조각가 리처드 세라의 작품 '베를린 교차로 Berlin Junction'도 한 자리를 차지하고 있다. 길이 14m, 높이 3.4m 규모의 철판 두 개가 휘감아 돌며 협곡 형태의 통로를 구성하고 있는 이 조형물은 1988년에 이곳에 설치되어 T4 작전의 희생자들을 추모하는 의미를 갖게 되었다.

211

사진 앞쪽 바닥에 1989년에 설치된 추모판이 보인다.

잊혀진 희생자들을 애도하며

이곳 티어가르텐슈트라세 4번지에서 1940년부터 나치의 집단 학살이 기획되었다.
이곳 주소를 따서 T4 작전이라고 불린다.
1939년부터 1945년까지 거의 20만 명의 저항력 없는 사람들이 학살당했다. 그들의 삶은 살 만한 가치가 없는 것으로 간주되었고, 그들을 죽이는 것은 안락사라고 불렸다. 그들은 그라페네크, 브란덴부르크, 하르트하임, 피르나, 베른부르크 그리고 하다마르의 가스실에서 목숨을 잃었다. 그들은 사형명령을 통해서, 계획적인 굶김 그리고 독약에 의해 살해당했다.
범인들은 학자들, 의사들, 간병인들 그리고 사법기관과 경찰, 건강 및
노동 당국에 소속된 사람들이었다.
희생자들은 가난하고, 절망적이며 반항적이거나 도움을 필요로 하는 사람들이었다.
그들은 정신병원이나 어린이병원, 양로원 및 사회복지시설, 군 병원이나 수용소 출신이었다.
희생자들의 수는 많지만, 유죄판결을 받은 범인들의 수는 적다.

와 조형물 등이 설치되어 있다.

　제2차 세계대전이 끝난 후 안락사 학살에 대한 재판에서 사형이나 중형을 선고받은 가해자는 극소수에 불과했다. 의사들은 대부분 무죄 판결을 받았다.

　2010년 11월 24일부터 27일까지 베를린에서 개최되었던 독일정신의학회 행사의 일환으로 26일 열렸던 '나치 시대의 정신의학 – 기억과 책임'이라는 주제의 추모 행사에서 회장 프랑크 슈나이더는 희생자들과 그 가족들에게 가해졌던 고통과 불의에 대해서 그리고 나치 이후에도 오랫동안 계속되었던 독일정신의학회의 침묵과 경시, 배척에 대해서 독일정신의학회의 이름으로 용서를 빈다고 말했다.

　최초의 유대인 집단 학살도 1940년에 T4 작전의 일환으로 이루어졌다. 정신병원에 수용되어 있던 환자들 중 유대인 2,000여 명은 유대인이라는 이유로 학살당했다. 그리고 1941년 봄부터는 강제수용소에서 병들고 노동력 없는 유대인들을 의사들이 선별했고 그들은 목숨을 잃어야 했다. T4 작전은 1942년 반제 회의에서 최종 결정된 유대인 말살의 전 단계였다.

1988년에 설치된 리처드 세라의 작품 '베를린 교차로'는 추모의 의미보다는 단순한 예술 작품으로 보이고 1989년에 설치된 추모판은 눈에 잘 띄지 않는다는 비판 여론에 따라 2014년 9월에 새로 마련된 추모 설비. 30m 길이의 투명한 파란 유리벽이 있고 그 앞에 비스듬히 설치된 콘크리트 판 위에 나치의 T4 작전에 관한 내용이 수많은 사진과 글 그리고 동영상으로 상세히 설명되어 있다.

Ⅱ. 분단의 기억

26. 브란덴부르크 문

 베를린은 외적의 침입을 막기 위한 성으로 둘러싸인, 여러 개의 성문을 가진 성곽도시였다. 18세기에 이르러 인구 증가와 도시 발전에 따라 성과 성문은 군사적인 목적보다는 성 안으로 반입되는 물품을 통제하며 세금을 부과하는 것을 더 중요한 목적으로 삼게 되었다. 그렇게 일종의 세관 역할을 하던 성문이 베를린에 18개 있었다.

 '브란덴부르크 문 Brandenburger Tor'은 그 18개 성문 중에서 유일하게 남아 있는 것이다. '오라니엔부르거 토어 Oranienburger Tor', '할레쉐스 토어 Hallesches Tor' 등은 현재 지하철역 이름으로 사용되고 있어서 당시 성문이 있던 위치를 가늠케 한다. 독일어로 '토어'는 '문'이라는 뜻이다.

 폭 65.5m, 높이 26m에 이르는 브란덴부르크 문은 아테네 아크로폴리스 입구의 문을 모방하여 설계한 초기 고전주의 양식의 건축물이다. 프로이센의 왕 프리드리히 빌헬름 2세의 명령으로 기존의 성문을 철거하고 그 자리에 건축가 랑한스가 1788~1791년에 새로 건축한 것이다. 문 위에 있는 사두마차는 조각가 샤도가 1793년에 제작했다.

 브란덴부르크 문의 신축은 프리드리히 빌헬름 2세의 통치력을 드러내기 위한 것이었다. 1786년에 왕위에 오른 프리드리히 빌헬름 2세는 브란덴부르크 문을 아크로폴리스 입구의 문을 모방하여 신축함으로써 자신을 아테네의 정치가 페리클레스에 비유하면서 프로이센의 황금기를 이끌어갈 지도자로 부상하고자 했다.

 1787년에 네덜란드의 내전에 개입하여 프로이센과 네덜란드와 영국의 동맹을 이끌어낸 프리드리히 빌헬름 2세는 페리클레스와 같은 현명한 동맹을 통한 평화를 원했고 그런 의미에서 브란덴부르크 문을 '평화의 문 Friedenstor'으로 구상했다. 평화의 문 위에 평화의 여신이 아니라 승리의 여신 빅토리아가 있는 것은 모순이 아니라 18세기 절대주의 시대의 이념에 부합되는 것이었다. 승리를 통한 평화 구축인 것이다.

그러나 1797년 11월 프리드리히 빌헬름 2세의 뒤를 이어 왕위에 오른 프리드리히 빌헬름 3세는 승리를 통한 평화를 구축하지 못하고 1806년 10월 14일 '예나 Jena'와 '아우어슈테트 Auerstedt'에서 동시에 벌어진 전투에서 나폴레옹 군대에 패배했다. 승리를 거둔 나폴레옹은 1806년 10월 27일 브란덴부르크 문을 통과하며 승리의 행진을 했다. 그리고 같은 해 12월에 사두마차를 해체하여 12개의 상자에 담아 파리로 가져갔다.

나폴레옹이 몰락한 후 1814년 4월 사두마차는 상자에 들어 있는 상태 그대로 파리에서 발견되어 프리드리히 빌헬름 3세의 명령에 따라 즉시 베를린으로 운송되었다. 1814년 8월 7일 보수 작업을 마친 사두마차의 제막식이 화려하게 치러진 후로 브란덴부르크 문은 프로이센의 개선문이 되었다.

빌헬름 1세가 1864년 덴마크와의 전쟁 그리고 1866년 오스트리아와의 전쟁에서 승리했을 때에도 원정에서 돌아온 군대가 브란덴부르크 문을 통과하는 개선 행진이 거행되었다. 특히 1871년 1월 18일 베르사유 궁전에서 독일의 통일과 독일제국의 수립을 선포하면서 황제에 즉위한 빌헬름 1세가 프랑스와의 전쟁에서 승리하고 베를린으로 귀환하여 1871년 6월 16일 비스마르크 수상, 몰트케 장군, 론 장군 등과 함께 브란덴부르크 문을 통과했던 개선 행진은 역사상 가장 성대한 것이었다. 그렇게 브란덴부르크 문은 막강한 독일제국의 상징이 되었다.

그러나 1945년 독일이 분단되면서 동서 베를린의 경계에 있던 브란덴부르크 문은 분단의 상징이 되었고, 특히 1961년 베를린 장벽이 설치된 후로는 봉쇄 구역에 속하게 되어 가까이 다가갈 수도 없게 되었다. 그러한 분단과 냉전의 시대에 1981~1984년 서베를린 시장이었던 바이츠제커는 "브란덴부르크 문이 닫혀 있는 한 독일 문제는 미결이다."라고 말한 바 있다. 그리고 1987년 6월 12일 서베를린을 방문했던 미국 대통령 레이건도 브란덴부르크 문 앞에서 행한 연설에서 "고르바초프 서기장, 이 문을 여시오! 이 장벽을 철거하시오!"라고 말했다. 냉전을 종식시키자는 요구였던 것이다.

레이건 대통령이 이곳에서 연설을 한 이래로 미국 대통령이 독일을 방문할 때는 브란덴부르크 문에서 연설을 하는 것이 하나의 관례처럼 되어 1994년 7월 12일에는 빌 클린턴 대통령이 글로벌 경제 부흥을 위한 미국과 유럽의 협력을 촉구하는 연설을 했고, 2013년 6월 19일에는 오바마 대통령이 미국과 러시아가 보유하고 있는 핵무기의 감축을 제안하는 연설을 했다. 일찍이 오바마는 대통령 후보이던 2008년 7월에 독일을 방문했을 때 이곳에서 연설하고 싶어 했으나 메르켈 수상이 난색을 표명하여 성사되지 못하고 '승전탑 Siegessäule' 앞에서 연설했던 적이 있다.

브란덴부르크 문은 독일 통일의 기운이 무르익어 가던 1989년 12월 22일 10만 명이 넘는 군중들의 환호 속에 마침내 다시 열렸다. 프로이센의 군사적 막강함을 상징했던 브란덴부르크 문은 독일 분단 후로는 동서 베를린을 가르는 분단의 상징이었다가 1990년 독일이 통일을 이룩함에 따라 통일 독일의 상징이 되었다.

브란덴부르크 문 위에 있는 사두마차는 제2차 세계대전 때 파괴되었고 1942년에 만들어 놓은 석고 모형에 따라 서베를린의 주물공장에서 1958년에 새로 제작되어 동독 정부에 의해 제자리에 놓였다. 동서독 정부의 협력으로 복구되었던 것이다. 당시 온전하게 남아 있었던 말 머리 하나는 베를린 문화와 역사에 관한 핵심 박물관인 '메르키셰스 박물관 Märkisches Museum'에 보관되어 있다.

메르키셰스 박물관에 보관되어 있는 사두마차의 말 머리. 나머지 셋은 모두 제2차 세계대전 때 파괴되어 없어졌고 이것이 현존하는 유일한 원형이다.

브란덴부르크 문의 동쪽 광장은 '파리 광장 Pariser Platz'이다. 1814년 프로이센의 파리 점령을 계기로 명명되었다.

팻말에는 '3월 18일의 광장 Platz des 18. März'이라고 쓰여 있다. 브란덴부르크 문의 서쪽에 있는 3월 18일의 광장은 1848년 3월 18일 베를린에서 절정에 달했던 독일의 시민혁명, 그리고 통일을 앞두고 동독에서 실시되었던 1990년 3월 18일의 인민회의 선거를 기념하는 의미로 명명된 것이다. 그 선거는 동독 최초의 자유선거였으며 마지막 선거였다. 그 선거의 결과로 동독의 서독 편입은 순조롭게 진행되어 1990년 10월 3일 통일이 이루어졌던 것이다.

문 양쪽에 있는 부속 건물은 과거에는 경비소와 세금 징수를 위한 용도로 쓰였으나 현재는 동쪽에서 보았을 때 왼쪽은 기념품 가게, 오른쪽은 '침묵의 공간 Raum der Stille'으로 사용되고 있다. 침묵의 공간은 복잡한 도시 생활 속에서 잠시라도 고요한 시간을 갖도록 1994년에 설치된 것으로서 종교와 무관하다. 스웨덴 출신의 제2대 유엔 사무총장 다그 함마르셸드가 국적과 종교를 떠나 관용과 평화를 염원하는 의미에서 1957년에 뉴욕의 유엔 본부 건물에 마련한 침묵의 공간을 모범으로 삼은 것이다.

침묵의 공간

[] 승전탑 []

브란덴부르크 문에서 '에른스트-로이터-플라츠 Ernst-Reuter-Platz'까지 약 3.6km에 이르는 '6월 17일의 거리 Straße des 17. Juni' 중간에 위치한 '큰 별 Großer Stern'이라고 불리는 광장에 '승전탑 Siegessäule'이 있다.

승전탑은 프로이센이 1864년 덴마크와의 전쟁에서 승리한 것을 기념하여 건설하기 시작했으나 곧이어 1866년 오스트리아와의 전쟁과 1870~1871년 프랑스와의 전쟁에서 승리하여 세 번의 승전을 모두 기념하는 탑이 되었다. 1873년 9월 2일 준공되었으며 높이는 67m이다.

원래는 연방의회 의사당 앞 '공화국 광장 Platz der Republik'에 있었으나 히틀러의 '세계수도 게르마니아 Welthauptstadt Germania'* 계획에 따라 1938~1939년에 이곳으로 옮겨졌다. 제2차 세계대전이 끝난 후에 프랑스는 승전탑의 폭파를 원했지만 다른 전승국들의 동의를 얻지 못해 존속하게 되었다.

---

* '세계수도 게르마니아' 계획은 베를린을 장차 나치가 이룩할 거대한 게르만 세계제국의 수도로 개조하는 도시계획이었다. 1935년에 계획이 수립되어 1943년까지 진행되다가 중단되었다. 히틀러는 계획이 완성되면 베를린을 게르마니아로 개명할 생각이었다.

승전탑. 도로 표지판 왼쪽에는 '큰 별 Großer Stern', 오른쪽에는 '6월 17일의 거리 Straße des 17. Juni'라고 쓰여 있다.

승리의 여신상 아래는 전망대이다.

전망대에서 바라본 '6월 17일의 거리'. 멀리 브란덴부르크 문이 조그맣게 보인다. 도로 양쪽의 숲은 티어가르텐의 일부이다.

27. 전쟁과 폭력에 반대하는 조각 공원

연방의회 의사당 앞에서 멀리 보이는 연방수상청의 왼쪽 한갓진 곳에 '전쟁과 폭력에 반대하는 조각 작품들 Skulpturen gegen Krieg und Gewalt' 공원이 조성되어 있다.

옛날 그곳에는 오랜 역사를 가진 '크롤 오페라 극장 Kroll-Oper'이 있었다. 크롤 오페라 극장은 프로이센의 왕 프리드리히 빌헬름 4세의 후원으로 사업가 요셉 크롤이 주도하여 건축한 대규모의 복합건물이다.

1844년 2월 15일 성대한 무도회와 함께 준공식이 거행되었던 크롤 오페라 극장은 1931년 7월 3일 모차르트의 〈피가로의 결혼〉 공연을 마지막으로 문을 닫았다. 그리고 나치 시대에 이르러 1933년 2월 27일 제국의회 의사당 방화 사건 이후 의사당 대용으로 쓰였다.

크롤 오페라 극장에서 히틀러는 1939년 9월 1일 폴란드 침공을 선포함으로써 제2차 세계대전을 일으켰고 역시 그곳에서 1941년 12월 11일 미국에 선전포고를 했다.

제2차 세계대전은 1945년 4월 16일부터 5월 2일까지 17만여 명의 사망자와 약 50만 명의 부상자가 발생했던 베를린 전투를 끝으로 비극의 막을 내렸다. 소련군은 4월 30일 새벽 제국의회 건물의 점령을 시도했으나 크롤 오페라 극장에 주둔하고 있던 독일군의 격렬한 저항으로 처음 몇 차례의 공격은 실패했다.

그날 정오 무렵 크롤 오페라 극장의 독일군은 진압되었다. 제국의회 건물 지하에서 독일군의 저항이 계속되고 있었으나 지상 건물을 점령한 소련군은 오후 10시쯤 붉은기를 게양했다. 베를린을 방어하던 독일군은 5월 2일 항복

했다. 독일은 항복 협상을 시도했지만 실패하여 결국 5월 8일 무조건 항복 문서에 서명했다.

전쟁 개시가 선포되었던 크롤 오페라 극장과 제국의회 건물 일대에서 나치의 패망을 확정 짓는 마지막 전투가 벌어짐으로써 전쟁의 출발점이 종착점이 되었다. 크롤 오페라 극장은 파괴되었고 1957년에는 잔해까지 완전히 철거되었다. 그리고 그곳은 공터로 남았었다.

그 공터에 전쟁과 폭력에 반대하는 조각 공원이 조성된 것은 1961/1962년 겨울이었다. 이스라엘, 일본 그리고 독일의 조각가들이 동독이 축조한 베를린 장벽에 대한 반대 의미에서 자발적으로 뜻을 모아 작품을 제작했다. 나중에 프랑스, 스위스, 오스트리아, 헝가리 예술가들도 동참했다.

오늘날 모든 조형물이 남아 있지는 않지만 남아 있는 것들은 풍경의 일부가 되어 그곳 장소의 역사와 베를린 장벽의 역사를 기억하게 한다.

왼쪽에 있는 두 개의 안내판에는 크롤 오페라 극장과 이곳 조각 공원에 관한 설명이 쓰여 있다.

스위스 작가 '발터 슈타이너 Walter Steiner' 작품. 멀리 연방의회 의사당이 보인다.

독일 작가 '볼프강 그로스-마리오 Wolfgang Gross-Mario' 작품. 멀리 연방의회 의사당이 보인다.

왼쪽은 오스트리아 작가 '카를 프란틀 Karl Prantl' 작품. 멀리 나무 사이로 보이는 건물은 연방수상
청이다.

베를린 장벽 축조 50주년을 맞아 2011년 8월 5일 설치된 '벤 바긴 Ben Wagin'의 철제 조형물 '죽
음의 장벽 조각 Todes Mauer Bruch'. 벤 바긴은 1990년 11월 연방의회 의사당 옆 슈프레강 동쪽
에 '나무들의 의회'를 설치한 폴란드 출신의 예술가이다.

위에는 '전쟁과 폭력과 장벽에 반대하는 나무들과 돌들의 의회'라고 쓰여 있다. 중간에는 이 조각 공원의 조성에 참여한 예술가들의 이름이 적혀 있다. 아래의 숫자 1945는 제2차 세계대전이 끝나고 독일이 동서로 분단된 해이고 1961은 베를린 장벽이 축조된 해이다. 그리고 1989는 베를린 장벽이 무너진 해이다.

'파괴된 다양성, 베를린 1933~1938'이라는 주제로 2013년 베를린에서 개최되었던 행사를 나타
내는 석판이다. 1933은 히틀러가 집권한 해이며 1938은 유대인 박해와 학살이 본격적으로 시작되
었던 해이다. 그리고 1945는 제2차 세계대전이 끝나고 독일이 동서로 분단된 해이다.

[] 파괴된 다양성, 베를린 1933~1938 []

2013년은 1933년 나치가 집권한 지 80주년이 되는 해였다. 그리고 1938년 11월 9일 밤, 유대인 박해와 학살이 본격적으로 시작되었던 소위 '수정의 밤 Kristallnacht' 75주년이 되는 해였다.

이처럼 역사적으로 각별한 의미를 갖는 2013년을 맞아 베를린은 '파괴된 다양성, 베를린 1933~1938 Zerstörte Vielfalt, Berlin 1933-1938'을 2013년의 주제로 삼아 다양한 행사를 개최했다. 특히 독일역사박물관에서 1월 31일부터 11월 10일까지 동일한 주제로 나치 시대를 돌이켜 보는 전시회가 열렸다.

그리고 베를린 시내 곳곳에는 200명이 넘는 인물들의 대형 사진이 간단한 약력 소개와 함께 전시되었다. 이들은 모두 나치 시대에 박해를 받았던 베를린의 다양한 구성원들이었다.

올림픽 경기장 앞

연방의회 의사당 앞

베를린 돔 앞

가운데 사진의 인물은 브레히트이다.

28. 나무들의 의회

 '나무들의 의회 Parlament der Bäume'는 1957년부터 베를린에 거주하고 있는 폴란드 출신의 예술가 '벤 바긴 Ben Wagin'이 1990년 11월에 조성한, 베를린 장벽에서 목숨을 잃은 희생자들을 추모하는 곳이다. 연방의회 의사당 인근 슈프레강 건너편 '마리-엘리자베트-뤼더스-하우스 Marie-Elisabeth-Lüders-Haus' 옆에 있다. 마리 엘리자베트 뤼더스는 여성의 권리 증진에 힘썼던 베를린 출신의 여성 정치인이다.

 전쟁과 폭력 그리고 장벽에 반대하는 '나무들의 의회'는 과거 베를린 장벽 주변의 출입금지 구역으로서 죽음의 지역이었던 곳이다. 바긴을 비롯한 여러 예술가들은 그곳에 추모석, 그림, 플래카드, 장벽 시설물 등을 설치했다. 그리고 나무와 꽃을 심었다. 바닥에는 베를린 장벽에서 목숨을 잃은 258명의 이름이 새겨진 석판을 설치했다.

 통일 후 연방정부가 본에서 베를린으로 이전함에 따라 연방의회 의사당 주변에 여러 건물들이 들어섰고 연방의회 도서관 건물로 신축된 마리-엘리자베트-뤼더스-하우스도 그중 하나였다. 신축 건물이 '나무들의 의회' 대지 일부를 차지하게 됨에 따라 인근 지형이 바뀌고 '나무들의 의회' 규모도 처음보다 작아졌다. 그러나 전쟁과 폭력에 반대한다는 그 의미에는 변함이 없다.

슈프레강변에서 바라본 '나무들의 의회'

'나무들의 의회'를 둘러싸고 있는 난간에는 세계 각국어로 '장벽과 전쟁과 폭력에 반대하는 나무들의 의회'라고 쓰여진 표지판이 붙어 있다. 숫자 1945는 제2차 세계대전이 끝나고 독일이 동서로 분단된 해이고, 1961은 베를린 장벽이 축조된 해이며, 1989는 베를린 장벽이 무너진 해이다.

장벽 조각에는 '무명의 희생자들'이라고 쓰여 있다. 바닥에 설치된 석판에는 신원이 확인된 희생자들의 이름이 새겨져 있다.

전쟁과 폭력에 반대하는 나무들의 의회

1961년부터 1989년까지 존재했던 베를린 장벽의 위치가 바닥에 표시되어 있다.

29. 황제 빌헬름 기념교회

　'황제 빌헬름 기념교회 Kaiser-Wilhelm-Gedächtniskirche'는 개신교 교회건축조합이 건축하는 교회였으나 공사 진행 과정에서 독일제국의 마지막 황제이며 프로이센의 왕이었던 빌헬름 2세의 권유에 따라 빌헬름 1세를 기리는 의미를 갖게 되었다. 빌헬름 1세는 1871년 비스마르크와 함께 독일을 통일하고 독일제국을 선포하며 황제로 즉위했던 프로이센의 왕이다.*

　이 교회 건물은 1891년, 빌헬름 1세의 생일인 3월 22일 착공되었다. 준공식은 1895년 9월 1일 거행되었다. 공모를 통해 선정된 건축가 프란츠 슈베히텐이 설계한 이 교회는 본래 중앙의 113m 높이의 탑 하나를 4개의 비교적 작고 낮은 탑이 둘러싸고 있는 형태의 웅장한 건물이었다. 그러나 제2차 세계대전 때인 1943년 11월 23일 폭격으로 파괴되었다.

　1957년 3월 에곤 아이어만이 교회 신축 공모에 당선되었는데 그의 구상에 따르면 현대적인 건축을 위해 과거 건물의 잔해를 완전히 철거해야 했다. 그러나 이 역사적인 건물을 보존해야 한다는 의견이 많아 격렬한 논쟁이 있었고 그 타협의 결과로 중앙탑만 평화를 위한 반전 기념물로 남게 되었다.

　에곤 아이어만의 설계에 따라 주변에 4개의 건물, 즉 서쪽에는 새 교회와 휴게실 그리고 동쪽에는 53.5m 높이의 종탑과 작은 예배당이 건축되었다. 새 종탑에는 6개의 종이 있으며 가장 큰 종은 5,600kg, 가장 작은 종은 1,400kg에 이른다. 6개 종의 전체 무게는 17,000kg에 달한다.

---

* 빌헬름 1세는 빌헬름 2세의 아버지가 아니고 할아버지이다. 빌헬름 1세의 뒤를 이어 아들 프리드리히 3세가 황제가 되었으나 병으로 99일만에 사망하고, 프리드리히 3세의 아들 빌헬름 2세가 황제가 되었다.

신축 공사는 1959년 5월 9일 착공하여 1961년 12월 17일 준공되었다. 건물 전체는 기념물로 보호되고 있으며 베를린의 가장 인상적인 건축물로 꼽힌다.

보존되어 있는 중앙탑의 높이는 여러 문헌에 68m로 기록되어 있으나 안전을 위한 보수 작업을 앞두고 2010년에 정밀 측정한 바에 따르면 71m인 것으로 밝혀졌다. 폭격에 손상된 채 보존되어 있는 이 탑을 베를린 사람들은 마치 썩은 치아 같다 하여 '충치 hohler Zahn'라고 부른다.

중앙탑 1층 기념관의 천장은 화가이며 실내건축가인 헤르만 샤퍼가 제작한 모자이크로 화려하게 장식되어 있다. 이 교회의 역사와 전쟁의 참상을 보여주는 전시실로 사용되고 있는 1층 기념관은 1987년 1월 7일 오픈했다. 창가에 설치되어 있는 코벤트리의 못으로 제작된 십자가는 화해를 상징한다.

한편 새로 건축된 교회 건물의 특징은 이중 벽으로 구성되어 있다는 것이다. 내벽과 외벽 모두 강철 골조에 콘크리트가 투입되어 유리를 끼워 넣은 형태이다. 내벽과 외벽 사이의 2.45m 공간에는 조명 장치가 설치되어 있으며 이 공간은 외부의 소음을 차단하는 역할도 한다.

내벽과 외벽을 장식하고 있는 벌집 모양의 스테인드 글라스는 새 종탑에도 적용되었으며 전체 유리창 수는 22,570개에 이른다. 프랑스의 유리 예술가 가브리엘 로와르의 작품이다.

왼쪽의 새 종탑은 보수 작업을 위해 비계가 설치되어 있다. 2014년에 시작하여 2015년에 끝날 예정이었던 보수 작업은 철근의 부식과 팽창 등 구조적인 문제로 인해 2017년 현재까지 아직 시작도 못한 상태로 있다. 가운데 있는 탑이 반전 기념물로 보존되어 있는 중앙탑이고 오른쪽 건물이 신축된 교회이다.

새로 지은 교회의 내부

1958~1962년에 제작된 오르간. 5,000개가 넘는 파이프로 구성되어 있다.

새 교회 내부의 오른쪽 벽에는 나치에 희생당한 기독교인들을 추모하며 화해와 평화를 기원하는
전시물이 마련되어 있다. 왼쪽의 독일어는 요한일서의 5장 4절이고, 가운데 독일어는 1933년부터
1945년까지 나치에 저항하다 목숨을 잃은 개신교 순교자들을 추모한다는 의미이다. 십자가에 못
박힌 예수상은 13세기 스페인에서 제작된 것이다. 그리고 오른쪽의 그림은 쿠르트 로이버의 작품
〈스탈린그라드의 마돈나〉이다. 맨 오른쪽은 볼고그라드(과거의 스탈린그라드)의 기독교인들이 황
제 빌헬름 교회에 선물한 마돈나 부조이다.

〈스탈린그라드의 마돈나〉

목사이며 의사인 '쿠르트 로이버 Kurt Reuber'가 군의관으로 복무했던 스탈린그라드 전투에서 소련군의 공격이 멈추었을 때 틈틈이 그린 목탄화이다. 열악한 의료 여건에서 병사들에게 의사로서 거의 도움이 되지 못한다는 것을 인식한 쿠르트 로이버는 크리스마스를 맞아 희망의 표시로 이 그림을 그렸다. 종이가 없어서 소련 지도의 뒷면에 목탄으로 그린 이 그림을 그는 크리스마스에 벙커의 벽에 걸어 놓았고 수많은 병사들이 이 그림을 보며 희망을 가졌다.

그림의 왼쪽에 쓰인 글은 '적에게 포위된 1942년 크리스마스'라는 뜻이며 오른쪽의 글은 '빛. 생명. 사랑'이라는 뜻이다. 아래쪽에는 '스탈린그라드 요새'라고 쓰여 있다. 스탈린그라드 전투는 1943년 2월 2일 독일군의 항복으로 끝났다.

쿠르트 로이버는 1943년 1월에 포로가 되었지만 이 그림은 포로가 되기 전에 편지와 함께 접어서 독일에 있는 가족에게 전달되어 오늘날 세상에 알려지게 되었다. 접었던 자국이 지금도 남아 있다. 쿠르트 로이버는 1944년 1월 20일 포로수용소에서 병사했다.

황제 빌헬름 기념교회에 소장되어 있는 이 〈스탈린그라드의 마돈나〉 그림은 가로 80cm, 세로 105cm 크기이며 독일의 여러 교회를 비롯해서 영국의 코벤트리 성당, 러시아 볼고그라드의 성당과 박물관, 오스트리아 바덴의 성 스테판 교회 등 세계 곳곳에 그림이나 사진 또는 조각상이나 부조 등의 형태로 복제되어 있다. 이 원본 그림은 1983년에 황제 빌헬름 기념교회에 걸렸다.

이 마돈나 부조는 볼고그라드 기독교인들이 1989년 6월 10일 제23차 독일 개신교회의 날을 맞아 황제 빌헬름 기념교회에 선물한 것이다.

반전 기념물로 보존되어 있는 중앙탑. 오른쪽 아래에 안내판이 부착되어 있다.

ZUR ERINNERUNG AN
WILHELM I.,
KÖNIG VON PREUSSEN
UND DEUTSCHEN KAISER,
WURDE IN DEN JAHREN 1891-1895
UNTER DER REGIERUNG
KAISER WILHELM
AUS SPENDEN DES GANZEN
DEUTSCHEN VOLKES DIE ERSTE
KAISER-WILHELM-
GEDÄCHTNIS-KIRCHE
ERBAUT. WÄHREND DES
2. WELTKRIEGES-IN DER NACHT
ZUM 23. NOVEMBER 1943 -
WURDE SIE BEIM LUFTANGRIFF
ZERSTÖRT. DER TURM
DER ALTEN KIRCHE SOLL
AN DAS GERICHT GOTTES
ERINNERN, DAS IN DEN
JAHREN DES KRIEGES ÜBER
UNSER VOLK HEREINBRACH

프로이센의 왕이며 독일 황제인 빌헬름 1세를 기념하기 위해 1891~1895년 황제 빌헬름 [2세의] 통치하에 모든 독일 국민의 성금으로 황제 빌헬름 기념교회가 처음 건축되었다. 제2차 세계대전 중 1943년 11월 23일 밤 공습으로 파괴되었다. 옛날 교회의 탑은 전쟁 중에 우리 국민들에게 내려졌던 신의 심판을 기억하게 한다.

중앙탑 1층 기념관

WILHELM·I·
KÖNIG v PREUSSEN
DEUBSCHER KAISER

빌헬름 1세
프로이센의 왕
독일 황제

이 교회의 역사를 보여주는 전시

오른쪽 십자가가 코벤트리의 못십자가이다.

코벤트리의 못십자가

1940년 11월 14일

독일의 폭격으로 코벤트리 시내와
14~15세기에 건축된 고딕 양식의 성당이 파괴되었다.

1941년 1월

완전히 불에 탄 성당에서
교인들은 다시 미사를 드렸다.
제단은 깨진 돌 조각으로 만들었고,
검게 탄 대들보로 제단 십자가를 만들었다.
화해의 기도 '아버지 용서하소서' 기도문이
제단실의 벽에 걸렸다.
그 기도문은 고통의 원인 제공자들을 포함하며
증오를 극복하는 것이다.

잿더미 속에서 발견된, 수작업으로 만들어진 세 개의 못으로
코벤트리의 못십자가 형태가 이루어졌다.
이 십자가는 전후 전 세계에 대한 화해 호소의 표시이다.

1987년 1월 7일

기념관 개관을 맞아 황제 빌헬름 기념교회는
코벤트리 성당의 못십자가를 받는다.

이 십자가는 평화를 위한 화해의 요청이다.

[] 코벤트리 성당과 못십자가 []

1940년 11월 14일 독일 공군의 폭격으로 영국의 코벤트리는 잿더미가 되었다. 약 550명이 사망했고 코벤트리 성당도 파괴되었다.

당시의 신부 리처드 하워드가 성당의 잔해 속에서 세 개의 대형 못을 발견하여 십자가 형태를 만들었다. 그리고 벽에 '아버지 용서하소서' 기도문을 새기고 불에 검게 탄 대들보로 십자가를 만들었다.

그때 대형 못으로 만들었던 십자가의 원형은 1962년에 신축된 코벤트리 성당에 보존되어 있으며 화해와 평화의 상징으로 통한다.

1958~1981년 코벤트리 성당의 신부였던 빌 윌리엄스의 주도로 세계 못십자가 공동체가 구성되었다. 이 공동체의 일원이 되면 코벤트리 성당으로부터 못십자가를 받는다. 세계 못십자가 공동체는 제2차 세계대전 후의 화해뿐만 아니라 역사적 상처 치유, 다양성 인정, 평화 정착 등을 목표로 삼고 있다.

독일에서는 황제 빌헬름 기념교회 등 60여 곳이 이 공동체에 속해 있다.

30. 슈타지 박물관

　'슈타지 Stasi'는 '국가안전 Staatssicherheit'의 약칭으로 동독의 '국가안전부 Ministerium für Staatssicherheit'를 가리킨다. 당시 소련의 KGB를 모범으로 삼아 창설된 동독의 국가안전부는 독재정권의 유지를 위해 '방패와 칼' 역할을 하면서 국민들을 감시하고 억압하던 정보 기관이었다.

　슈타지 박물관은 그러한 국가안전부의 조직 및 활동 등에 관한 기록과 물품을 전시하는 곳으로 과거 동독의 국가안전부 본부 건물 3개 층이 사용되고 있다.

과거 동독의 국가안전부 본부 건물

마지막 슈타지 장관이었던 밀케의 집무실. 당시의 모습 그대로 보존되어 있다.

곳곳에서 비밀리에 활동하던 슈타지 요원들의 모습이 사진과 함께 설명되어 있다.

Schulungsmaterial des Ministeriums für Staatssicherheit zeigt Verkleidungsmöglichkeiten: Hier tarnt sich ein Mitarbeiter als Tourist, um 1985.

—— BStU, MfS. HA VIII, Fo 550, Bild 11

Training material from the Ministry for State Security displays disguises: the Stasi employee is dressed here as a tourist, ca. 1985.

관광객으로 위장한 슈타지 요원

출입문에 설치되었던 도청장치

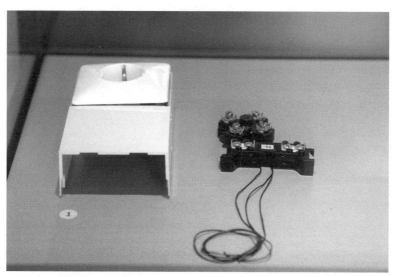

전기 콘센트에 설치되었던 도청장치

쇼핑백에 감추어진 카메라. 오른쪽은 샘플 사진.

슈타지는 예금, 보험, 세금, 의료기록 등 모든 개인정보를 열람할 수 있었다.

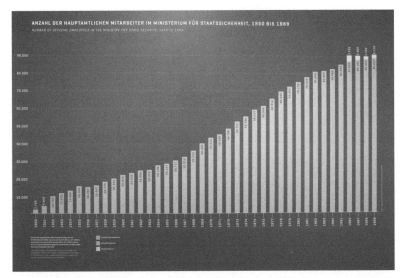

1950년부터 1989년까지 슈타지 정규 직원의 수를 나타내는 도표. 1950년 2,700명에서 1989년에는 88,897명으로 늘어났다.

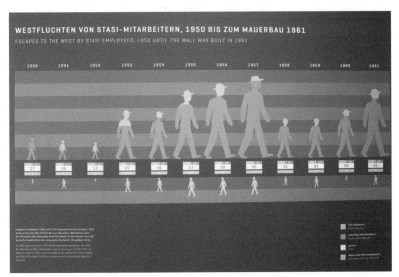

1950년부터 1961년 베를린 장벽이 축조되기까지 서독으로 탈출한 슈타지 직원의 수를 나타내는 도표. 450여 명이 탈출했으며 그중 100여 명은 동독으로 다시 돌아갔다.

Am 19. Februar 1982 sprach Stasi-Chef
Erich Mielke auf einer Dienstversammlung zu
seinen Mitarbeitern über den Umgang mit
„Verrätern". Ganz offen forderte er: „Hinrichten,
wenn notwendig auch ohne Gerichtsurteil."

BStU, MfS, ZAIG, Tb 1

On February 19, 1982, Stasi Minister
Erich Mielke spoke to his staff at a meeting
about how to handle "traitors". He openly
supported "execution, if necessary, without
a trial".

슈타지 장관 밀케가 "배신자들은 필요하다면 법원의 판결 없이 처형해야 한다"고 말하는 육성 녹음을 들을 수 있는 장치

도로변 벽에는 이곳 슈타지 건물에 관한 안내판이 부착되어 있다. 멀리 지하철 5호선 '막달레넨슈트라세 Magdalenenstraße' 역이 보인다.

Hier befand sich von 1950 bis 1990 das Ministerium für Staatssicherheit der DDR. Es sicherte durch politische Willkür, Terror und Überwachung der Bevölkerung die Diktatur der SED. Am 15. Januar 1990 besetzten Bürgerinnen und Bürger diesen Gebäudekomplex.

The East German Ministry for State Security, whose political repression, intimidation and surveillance oppressed the population under the dictatorship of the Socialist Unity Party of Germany (SED), occupied this site from 1950 to 1990. On 15 January 1990, the building was taken over by the people.

Ici se trouvait de 1950 à 1990 le Ministère de la Sûreté de RDA. Il garantissait la dictature du Parti Socialiste Unifié Allemand (SED), par l'arbitraire politique, la terreur et la surveillance de la population. Le 15 janvier 1990 la population a occupé cet ensemble de bâtiments.

С 1950 г. по 1990 г. на этом месте находилось Министерство Государственной безопасности ГДР. Установив режим политического произвола, террора и надзора над населением, оно поддерживало диктатуру СЕПГ. 15 января 1990 г. здание было захвачено гражданским населением.

이곳에 1950년부터 1990년까지 동독의 국가안전부가 있었다. 국가안전부는 정치적 횡포와 테러 그리고 국민 감시를 통해서 SED*의 독재를 보장했다. 1990년 1월 15일 시민들이 이 건물을 점거했다.

* 독일사회주의통일당

[] 오네조르크 (1940~1967) []

1960년대 서독의 학생운동은 당시의 사회적인 상황, 특히 나치 과거 청산에 미진한 기성 세대가 여전히 권력을 장악하고 있는 정치 현실을 비판했다. 언론의 자유를 보장하지 않는 아데나워 정부는 대학생들에게 나치와 다를 바 없는 독재 체제로 인식되었다.

경찰은 학생 시위대를 거칠게 다루었으며 1966년 12월에는 사복 체포조를 투입하여 학생들을 연행하기도 했다. 그런 사회적 상황에서 이란의 독재 군주 팔레비가 1967년 6월 2일 베를린을 방문했고 낮 일정을 마친 다음 저녁에 모차르트의 〈마술피리〉 공연 관람을 위해 '독일 오페라 극장 Deutsche Oper'을 찾았다.

이때 팔레비를 반대하는 대규모 시위가 있었고 팔레비의 지지자들이 시위대에게 폭력을 행사하는 사태가 발생했다. 그러나 경찰은 폭력 행위를 방관하면서 오히려 팔레비 지지자들을 보호하는 입장을 취했고 심지어 경찰도 시위대를 곤봉으로 무차별 구타했으며 물대포와 최루가스를 사용했다.

이러한 시위 현장에서 오후 8시 30분 무렵 경찰의 조준 사격에 뒷머리를 맞고 대학생 '베노 오네조르크 Benno Ohnesorg'가 사망하는 사건이 발생했다.

당시 경찰은 총을 쏜 경찰관 카를-하인츠 쿠라스를 보호하기 위해서 증거를 조작했으며 대표적인 보수 언론 권력인 '악셀 슈프링어 Axel Springer'가 발행하는 일간지 〈빌트 Bild〉의 도움을 받아 사건을 무마했다. 학생운동에 적대적이었던 빌트는 편파적인 보도와 여론 조작을 통해 경찰의 가혹한 진압을 부추기고 옹호했다.

세월이 흘러 오네조르크를 사살한 경찰관이 동독의 슈타지 비밀 요원이었다는 사실이 2009년에 밝혀졌다. 그의 시위 대학생 사살이 학생운동의 과격화를 유도하기 위한 슈타지의 지령에 의한 것이라는 추측이 있었으나 2011년까지 계속된 조사를 통해 그런 추측은 근거가 없는 것으로 드러났다.

베를린의 독일 오페라 극장 옆에는 오네조르크를 추모하는 조형물 '시위자의 죽음 Der Tod des Demonstranten'이 설치되어 있다. 이 조형물은 1971년에 제작되었으나 통일이 되고 나서 1990년 12월에야 비로소 설치될 수 있었다.

독일 오페라 극장. 오른쪽에 조형물이 보인다.

1967년 6월 2일 대학생 베노 오네조르크가 이란의 전제군주를 반대하는 시위 도중에 크루메 슈트라세 66번지 마당에서 경찰의 총에 맞아 사망했다. 그의 죽음은 학생운동과 의회 밖 운동의 시작을 알리는 신호였으며 이 운동은 특히 제3세계 국가들에서의 착취와 억압에 대한 저항을 자국의 철저한 민주화 투쟁과 연결시키는 것이었다. 이런 생각으로 알프레트 흐르드리취카는 1971년에 부조 '시위자의 죽음'을 제작했다. 1990년 12월

31. 슈타지 감옥

 과거의 '호엔쉰하우젠 Hohenschönhausen' 지역에 위치한 '슈타지 감옥 Stasi-Gefängnis'은 슈타지가 운영하던 감옥이었다. 이 감옥은 본래 제2차 세계대전이 끝나고 소련이 점령지역에 설치한 수용소였으며 1951년 3월 슈타지가 인수하여 1989년 말까지 공산주의 독재정권의 유지를 위해 국민들을 억압하기 위한 구치소로 사용했던 것이다.

 독재정권에 저항하거나 동독 탈출을 시도하다가 체포된 수감자들은 수년 동안 재판 절차도 없이 이곳에 갇혀 인간 이하의 고통을 겪다가 목숨을 잃기도 했다.

 1990년 독일이 통일되자 수감 생활을 했던 시민들의 노력으로 이 슈타지 감옥은 1992년에 보호 관리 대상이 되었으며 1994년에는 '베를린 호엔쉰하우젠 추모지 Gedenkstätte Berlin-Hohenschönhausen'로 지정되어 일반인의 접근이 가능하게 되었다.

 방문객은 해마다 늘어나는 추세이고 2015년에는 44만 4,000명의 방문객 수를 기록했다. 역사 공부를 위한 학생들의 단체 관람이 거의 절반을 차지하지만 일반 시민이나 관광객은 물론이고 독일이나 외국의 정치인 등 유명 인사들의 방문도 이어지고 있다.

 개인 관람은 불가능하고 정해진 시간에 그룹으로 안내를 받아서만 들어갈 수 있다. 안내자들은 이곳에 수감되었던 적이 있는 시대의 증인들이다. 과거 동독의 독재 체제를 직접 경험한 동독 출신의 사람들이 방문객들에게 생생한 현장 설명을 하는 것이다.

슈타지 감옥 입구

베를린 추모판

이곳에 1950년부터 1990년까지 동독 국가안전부의 호엔쉰하우젠 구치소가 있었다. 소련 점령군의 특별
수용소(1945년부터 1946년까지)와 중앙구치소(1950년까지)였다. 박해당한 사람들의 고통과 죽음의 장
소로서 호엔쉰하우젠 추모지는 정치적 억압에 대한 증거이며 경고물이다.

사진 왼쪽에 서 있는 안내자 쾨르너 씨는 1945년 생이며 드레스덴 음대에서 성악을 공부했다. 1972년에 친구가 서독 여자친구를 만날 때 자기 집에서 만나도록 해 준 혐의, 그리고 친구의 동독 탈출을 돕고 (친구는 탈출에 실패) 함께 탈출을 모의했다는 누명을 쓰고 이곳에 끌려와 수감되었었다고 한다.

지하 감옥에는 창문이 없으며 내부 설비도 극도로 열악하다.

창문도 없고 용변 설비도 없는 이런 방에 많을 때는 10명 이상이 수용되었다고 한다.

[] 두취케 (1940~1979) []

'루디 두취케 Rudi Dutschke'는 1960년대 서독 학생운동의 대표적 인물이다. '사회주의 독일 대학생연맹 Sozialistischer Deutscher Studentenbund'의 주도적 인물이었던 그는 1968년 4월 11일 베를린 '쿠어퓌어스텐담 Kurfürstendamm' 141번지 건물 앞에서 극우파 노동자 요셉 바흐만에게 저격당했다.

뇌에 총상을 입은 두취케는 몇 시간의 수술 끝에 간신히 목숨을 건졌으나 결국 그 후유증으로 1979년 12월 24일 사망했다. 두취케를 저격한 바흐만은 보수 언론 권력인 '악셀 슈프링어 Axel Springer'가 발행하는 일간지 〈빌트 Bild〉의 애독자로 알려졌다. 빌트는 학생들을 폭도로, 두취케를 선동가로 보도하곤 했었다.

학생운동의 정신과 두취케를 기리기 위해 수년 동안 정치적이며 법적인 공방을 벌인 끝에 마침내 베를린의 '코흐슈트라세 Kochstraße' 일부가 '루디-두취케-슈트라세 Rudi-Dutschke-Straße'로 개명되었다. 루디-두취케-슈트라세는 악셀 슈프링어 빌딩 앞의 '악셀-슈프링어-슈트라세 Axel-Springer-Straße'와 맞닿아 있다. 2008년 4월 30일 거리 표지판 제막식에서 두취케의 아들 호제아는 개명을 반대했던 주민들과 악셀 슈프링어를 의식한 듯 이곳은 이제 '화해의 모퉁이 Ecke der Versöhnung'라고 말했다.

두취케가 저격 당했던 쿠어퓌어스텐담 141번지 건물 앞에 설치되어 있는 추모판

루디 두취케 저격
1968년 4월 11일
총상의 후유증으로
두취케는 1979년 사망했다.
학생운동은
뛰어난 지도자들 중의 한 명을 잃었다.

32. 이스트 사이드 갤러리

1,316m에 이르는 '이스트 사이드 갤러리 East Side Gallery'는 현재 보존되어 있는 가장 긴 베를린 장벽 유물이다. 그리고 세계에서 가장 긴 야외 갤러리이다. 1990년 9월 오픈 당시에는 21개국 118명 예술가들의 작품이 이곳에 전시되어 있었다.

그러나 시간이 흐르면서 손상되는 작품의 보수 문제와 도시 계획상의 문제 등으로 인해 이해관계에 따른 갈등이 발생하여 2017년 현재 예술가 104명의 작품만 남아 있다. 남아 있는 작품들도 모두 처음의 원형이 아니라 보수 작업을 거쳐 2009년에 재공개된 것들이다.

세계적으로 가장 유명한 작품은 당시 소련 공산당 서기장 브레즈네프와 동독 공산당 서기장 호네커의 '사회주의 형제키스 Sozialistischer Bruderkuss' 그림이다.

1979년 10월 7일 동독 성립 30주년 기념식에서 두 남자가 나누었던 그 키스는 프랑스 출신 사진 기자인 보쉬가 촬영한 사진으로 인해 널리 알려졌으며 그것을 러시아의 화가 브루벨이 이스트 사이드 갤러리에 그린 것이다.

많은 장벽들이 철거되어야 한다.

[] 악셀 슈프링어 []

'악셀 슈프링어 Axel Springer' 그룹은 악셀 슈프링어가 출판업자인 아버지와 함께 1946년에 함부르크에 악셀 슈프링어 출판사를 설립하고 라디오 방송 프로그램을 다루는 주간 잡지 〈회어추 Hörzu〉를 창간함으로써 시작된 신문, 잡지, 방송, 출판, 인쇄 등을 포괄하는 미디어 그룹이다.

보수적인 정치권 인사들과 친분을 쌓으면서 급성장하여 언론 권력을 형성하게 된 악셀 슈프링어 그룹에 대해서는 일찍이 학생들의 반대 캠페인도 있었으며 진보적인 지식인들의 비판 또한 끊이지 않았다.

특히 1972년 노벨 문학상 수상자인 하인리히 뵐은 1974년에 출간된 소설 〈카타리나 블룸의 잃어버린 명예 Die verlorene Ehre der Katharina Blum〉에서 슈프링어가 발행하는 신문을 신랄하게 비판했다. 1999년 노벨 문학상 수상자인 귄터 그라스 역시 슈프링어에 대해서 비판적이었다. 2004년에는 당시 수상이었던 게르하르트 슈뢰더가 슈프링어가 발행하는 〈빌트 Bild〉와의 인터뷰를 거부하기도 했다.

〈빌트〉는 1952년에 창간된 일간지로서 독일 최대의 발행부수를 자랑하는 통속신문이다.

악셀-슈프링어-슈트라세 65번지의 악셀 슈프링어 본사 빌딩. 건물 앞의 동상은 악셀 슈프링어 빌딩 정초 50주년과 베를린 장벽 붕괴 20주년을 맞아 2009년에 설치된 기념 조형물 '균형잡기 Balanceakt'이다. 청동과 콘크리트 그리고 베를린 장벽 조각을 재료로 제작되었다.

33. 문화양조장 박물관

문화양조장 박물관은 '문화양조장 Kulturbrauerei'에 있는 박물관이다. 문화양조장은 과거의 동베를린에 속하는 '프렌츨라우어 베르크 Prenzlauer Berg' 지역에 위치한 20여 개의 건물로 이루어진 문화 및 상업 업무 복합공간을 가리키는 표현이다.

이 문화양조장은 1842년에 약사이며 화학자인 아우구스트 하인리히 프렐이 설립한 조그마한 맥주 양조장에서 시작되었다. 당시 베를린에는 35개의 양조장이 있었지만 프렐이 지하실에서 양조하는 저온 발효 맥주가 큰 인기를 끌었다. 그러자 프렐은 현재의 문화양조장 자리에 새로운 양조장을 마련하고 본격적인 맥주 사업을 시작했다.

프렐이 사망하고 1853년에 프렐의 양조장을 인수한 슐트하이스가 맥주에 '슐트하이스 Schultheiss'라는 상표를 붙여 판매하면서 대성공을 거두었다. 그러나 슐트하이스는 건강상의 이유로 1864년에 양조장을 뢰시케에게 매각했다. 뢰시케는 슐트하이스 상표는 그대로 유지하면서 사업을 지속적으로 확장하여 가내 수공업 규모의 양조장을 대규모의 현대적인 기업으로 발전시켰다.

슐트하이스 양조장은 1871년에 주식회사로 전환되었으며 1884년에 건축가 프란츠 슈베히텐이 증축, 개축 및 신축을 위한 설계를 위임받았고 그에 따라 점차 오늘날의 건물군이 형성되기 시작했다. 1887년에는 부지를 확장하여 25,000m²에 이르렀고 1905년에는 처음으로 연간 맥주 생산량이 100만 헥타리터를 넘어섰다.

제2차 세계대전 동안에도 건물에 큰 손상을 입지 않았던 이곳 슐트하이스 양조장은 설비 노후로 인해 1967년에 문을 닫았다. 그러나 이미 곳곳에 양조장을 가진 대기업으로 성장한 슐트하이스 맥주 회사는 지속적으로 발전하여 2006년에 베를리너 킨들 맥주 회사와 합병했고 2017년 현재 '베를리너-킨들-슐트하이스-양조장 Berliner-Kindl-Schultheiss-Brauerei'이라는 이름의 회사로 운영되고 있다.

문을 닫은 슐트하이스 양조장은 독특한 건축 양식 덕분에 1974년에 보호 기념물로 지정되었으며 드물게 잘 보존된 19세기 말 베를린의 산업 건축물로 꼽힌다. 그러나 보호 기념물로 지정되었음에도 불구하고 잘 보호되지 못한 채 점점 황폐되어 가던 양조장은 1990년에 신탁관리청에 인수되었고 1991년에는 문화양조장 공익유한책임회사가 설립됨에 따라 과거의 맥주 양조장은 문화양조장으로 변신하게 되었다. 문화양조장이라는 명칭은 이때 처음 탄생한 것이다. 문화적으로 활기를 띠기 시작했음은 물론이다.

1995년에 신탁관리청은 양조장을 신탁부동산 유한책임회사에 양도했고 이 회사의 재정 부담으로 1998~2000년에는 대대적인 보수 작업과 함께 문화 센터로서의 기능을 유지하면서 상업적인 용도로도 사용할 수 있도록 하기 위한 증축 및 개축이 이루어져 임대 면적이 40,000m²에 이르렀다.

문화와 상업 업무 공간이 성공적인 조화를 이룬 곳으로 평가받고 있는 문화 양조장에는 음악, 문학, 연극, 영화, 공연, 사진, 출판, 스포츠, 카페, 음식점, 주점 등 다양한 분야의 시설과 업체들이 입주해 있다. 특히 태권도와 한국어, 바둑, 요가, 명상 등의 교육 프로그램을 운영하는 한국 격투기 및 문화 센터 '마당 Madang'도 이곳에 둥지를 틀고 있다.

2001년에는 문화양조장 설립 10주년을 맞아 이곳에 입주해 있는 공연장인 케셀하우스에서 도미닉 호르비츠 주연으로 브레히트의 희곡 〈서푼짜리 오페라 Dreigroschenoper〉가 공연되기도 했다.

박물관은 문화양조장에 입주해 있는 문화 시설 중의 하나이다. '독일 역사의 집 재단 Stiftung Haus der Geschichte der Bundesrepublik Deutschland'이 운영하는 약

600m² 규모의 이 박물관에서는 2013년 11월에 시작된 '동독의 일상'을 주제로 한 상설 전시가 2017년 현재까지 계속되고 있다. 통계에 따르면 연간 10만 명 이상의 관람객이 이 박물관을 찾는다.

한편 베를린에서 발행되는 일간신문 〈데어 타게스슈피겔 Der Tagesspiegel〉 2012년 12월 13일 보도에 따르면 연방정부는 2012년에 문화양조장 소유주인 신탁부동산 유한책임회사를 11억 유로에 미국의 투자회사 론스타에 양도했다. 공기업을 민영화하면서 외국 회사에 매각한 것이다. 따라서 문화양조장 소유주도 바뀌게 되었다. 그러나 계약에 따라 2021년까지는 현재 상태가 유지된다. 신탁부동산 유한책임회사가 연방정부에 속하는 회사가 아니라 미국 기업에 속하는 회사가 되었을 뿐 문화양조장 운영에는 변화가 없기 때문이다.

'쇤하우저 알레 Schönhauser Alle' 거리에서 바라본 문화양조장

박물관 입구

유리 진열장 속의 두상들은 동독이 숭배했던 마르크스, 엥엘스, 레닌, 룩셈부르크 등 공산주의 사상가들이다.

내 일터는 평화를 위한 내 싸움터!

사회주의가 강하면 강할수록 평화는 더욱 더 안전하다!

독일민주공화국 만세 – 노동자와 농부의 힘을 강화하기 위해 전력을 다하자!

"우리가 오늘 일하는 대로 내일 살게 된다."

동독 국민들의 현실은 동독 정부가 제시하는 이상과 너무 달랐기 때문에 수많은 사람들이 자유를 찾아 서독으로 가려고 했다. 동독 경찰과 슈타지는 출국 신청자의 가족 상황과 정치적 신뢰도 등을 까다롭게 조사하면서 쉽게 허가를 내주지 않았다. 그리고 출국 신청자들은 직업, 자녀교육 등 여러 면에서 불이익을 받았다. 그럼에도 불구하고 출국 희망자들은 점점 늘어서 1970년대 중반부터 1989년 6월까지 30만 명이 넘는 사람들이 출국 신청서를 제출했다.

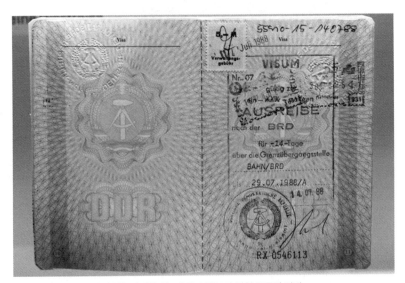

서독으로 14일 동안의 여행을 허가한다는 출국 스탬프가 찍힌 동독의 여권

동독 정부가 국민 통제의 수단으로 사용했던 하우스북. 모든 가정에서는 하우스북을 작성했다. 거주자는 물론이고 외국에서 온 방문객과 3일 이상 머무른 손님의 이름과 직업, 국적, 생년월일, 출생지 등을 모두 기록해 놓았다가 경찰이나 슈타지의 요구가 있을 때 제시해야 했다.

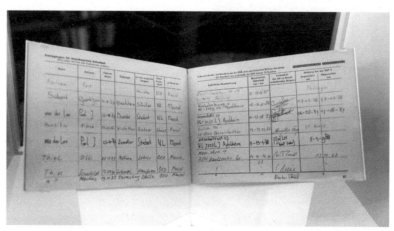

하우스북 내용

예술가 만프레트 부츠만과 우어줄라 볼프는 쓰레기 컨테이너의 일부를 이용해서 십자가를 만들었다. 그들은 그 십자가를 정치적 억압에 대한 항의의 표시로 1987년 동베를린 교회의 날 행사 동안에 자전거에 싣고 다녔다.

국영 소매점

모든 국영 소매점에 비치되어 있던 고객민원부. 표지에 쓰여 있는 독일어는 '고객은 발언권이 있다'
라는 뜻이다. 고객은 여기에 상점에서 느낀 불만이나 칭찬을 쓸 수 있으며 고객이 실명으로 글을 남
기면 직원은 응답해야 했다.

동독에서 생산되던 카메라 프락티카. 외화 획득을 위해 동독은 이 카메라를 저렴한 가격에 수출했고 서독에서는 유통업체 '크벨레 Quelle'가 '레뷔 Revue'라는 상표로 판매했다.

[] 브레히트 (1898~1956) []

열다섯 살 때인 1913년 친구와 함께 학생잡지 〈수확 Die Ernte〉*을 창간하여 시와 산문 그리고 단막극을 발표했던 '베르톨트 브레히트 Bertolt Brecht'는 아우크스부르크 태생의 문학소년이었다.

뮌헨 대학교 의대에 입학했지만 의대 강의보다는 문학 강의를 더 많이 들었던 브레히트는 전쟁이 끝나고 귀향한 군인의 이야기를 다룬 사회비판적인 희곡 〈밤의 북소리 Trommeln in der Nacht〉가 1922년 9월 29일 뮌헨에서 초연되어 호평을 받고 그해 '클라이스트 상 Kleist-Preis'을 수상함으로써 작가로서의 명성을 얻기 시작했다.

베를린으로 활동 무대를 넓힌 브레히트는 부인과 이혼하고 1929년 4월 연극배우 '헬레네 바이겔 Helene Weigel'과 재혼했다.

공산당에 입당하지는 않았지만 '프리츠 슈테른베르크 Fritz Sternberg'와 '에른스트 블로흐 Ernst Bloch' 같은 비교조적이며 비당파적인 마르크스주의자들의 영향을 받으며 공산주의를 신봉했던 브레히트는 나치의 박해를 받았고 경찰에 의해 공연이 중단되기도 했다.

제국의회 화재를 빌미로 화재 당일 밤부터 대대적인 공산주의자 탄압이 시작되자 바로 다음 날인 1933년 2월 28일 브레히트는 베를린을 떠나 프라하, 빈, 취리히 등지를 거쳐 덴마크로 망명했다. 그는 나치의 블랙리스트에 이름이 올랐고 그의 책들은 1933년 5월 10일 나치의 분서 때 불에 태워졌다. 그의 모든 책은 금서가 되었다.

---

* 브레히트가 친구와 함께 창간했던 학생잡지 〈수확〉은 1913년 9월부터 1914년 2월까지 6회 발행되었다. 발행부수는 매회 약 40부였다. 학생잡지는 학생들이 학생들을 대상으로 만드는 잡지이다. 독일의 학생잡지는 오랜 역사를 갖고 있다. 1893년에 당시 18세의 '토마스 만 Thomas Mann'이 친구와 함께 발행했던 〈봄의 폭풍 Der Frühlingssturm〉이 최초의 학생잡지로 꼽는다.

1941년 5월 브레히트는 미국으로 갔다. 그러나 미국이 제2차 세계대전에 참전하면서 브레히트는 적대적 외국인으로 등록되어 수사 기관의 감시를 받았고 1947년 10월에는 공산당원 여부를 묻는 청문회가 열렸다. 공산당원이 아니고 과거에 공산당원이었던 적도 없지만 그는 결국 미국을 떠나 파리를 거쳐 취리히로 가서 머물렀다. 스위스는 그가 체류 허가를 받은 유일한 나라였다. 서독이나 서방 연합국 점령지역에서는 그의 입국이 금지되었다.

제2차 세계대전이 끝나고 브레히트는 1948년 10월 동독 문화연맹의 초대를 받아 동베를린으로 갔다. 동베를린에 도착한 그는 곧 활발한 활동을 시작했다. 1949년 1월 11일 〈억척 어멈과 그 자식들 Mutter Courage und ihre Kinder〉이 브레히트와 '에리히 엥엘 Erich Engel' 공동 연출, 바이겔 주연으로 공연되어 대대적인 성공을 거두었다. 그리고 같은 해 브레히트와 바이겔은 극단 '베를린 앙상블 Berliner Ensemble'을 창단하여 11월 12일 〈주인 푼틸라와 하인 마티 Herr Puntila und sein Knecht Matti〉를 첫 작품으로 공연했다. 역시 브레히트와 엥엘 공동 연출이었다.

브레히트의 연극은 '서사극 Episches Theater' 개념으로 대표된다. 서사극은 아리스토텔레스의 시학에 기반을 둔 전통적인 연극이 주로 다루던 개인의 비극적인 운명이나 환상적인 무대, 허구적 현실 등이 아니라 전쟁이나 혁명, 부조리 등 정치적이며 사회적인 갈등을 무대에 올린다.

그럼으로써 관객의 비판적 현실 인식과 그 현실 개선을 위한 행동을 유도한다. 따라서 전통극에서와 같은 감정이입은 배제되며 그 수단으로 사용되는 대표적인 기법이 연극 중간에 노래나 주석, 보고 등을 삽입하거나 관객에게 말걸기 등을 시도하는 '낯설게 하기 효과 Verfremdungseffekt'이다.

예술을 인간의 생산 활동의 한 영역으로 생각하며 문학을 통해서 사회 구조의 변화 가능성을 드러내 보이려 했던 브레히트의 변증법적 유물론에 입각한 예술관은 연극에 관한 연극작품으로 일컬어지는 〈놋쇠구입 Der Messingkauf〉에

베를린 앙상블 건물 앞 광장에 있는 브레히트 동상

잘 나타나 있다.

희곡, 시, 소설, 산문, 방송극, 영화, 연극비평, 연극연출 등 장르를 넘나들며 능력을 발휘했던 브레히트는 1956년 8월 14일 58세를 일기로 세상을 떠났다. 그가 마지막으로 살았던 베를린의 집은 오늘날 '브레히트 하우스 Brecht-Haus' 로 보존되어 추모 공간과 자료실 및 문학 포럼 등으로 사용되고 있다. 그는 유언에 따라 살던 집 바로 옆의 묘지에 안장되었다. 1971년에 세상을 떠난 그의 부인 바이겔도 함께 묻혀 있다.

'쇼세슈트라세 Chausseestraße' 125번지 브레히트 하우스. 입구 오른쪽 벽에 부착된 동판에는 이 집에서 브레히트가 1953년부터 1956년까지, 바이겔이 1953년부터 1971년까지 살았다고 기록되어 있다.

브레히트와 바이겔의 묘

34. 긴급수용소 마리엔펠데

'긴급수용소 마리엔펠데 Notaufnahmelager Marienfelde'는 동베를린에서 서베를린으로 탈출해 오는 사람들을 위한 수용소였다. 탈출자들은 일단 이곳에 머물면서 망명자로서의 신분 인정 절차를 밟아야 했고 인정을 받은 후에는 지정된 거주지로 이주해야 했다. 이주는 서독 체류허가를 받기 위한 전제조건이었다.

이 긴급수용소 마리엔펠데는 1953년 4월 약 2,000명을 수용할 수 있는 규모로 준공되어 1961년까지 계속 확장되었지만 거의 항상 포화상태였다. 1990년 독일이 통일되기까지 약 135만 명이 이곳을 통과하여 자유를 찾았다.

그러나 통일이 이루어지면서 애초의 용도로는 필요하지 않게 되어 1993년부터 분단과 동독 탈출에 관한 역사적 기록 등을 전시하는 '기억의 장소'로 사용되었다. 2005년부터는 기존의 전시품들을 보완하여 '분단된 독일 내에서의 탈출 Flucht im geteilten Deutschland'이라는 주제로 상설 전시가 열리고 있다.

또 2010년부터는 시리아, 아프가니스탄 등 세계 각국에서 온 난민 또는 망명신청자들을 위한 임시 거처로도 사용되고 있다.

긴급수용소 마리엔펠데 입구. 사진 중앙의 하얀 벽에 안내판이 부착되어 있다.

1953년부터 1990년까지 이 긴급수용소 마리엔펠데 건물은 자유를 찾아가는 동독 탈출자들의 첫 번째 상담소였다. 그 기간 동안 135만 명 이상이 독일과 연합국 그리고 복지기관의 도움으로 수용되어 보호 받고 서독의 여러 주로 인도되었다. 베를린, 1995년 6월 30일. 기억의 장소 긴급수용소 마리엔펠데.

앞의 가방은 동베를린을 탈출할 때 실제로 사용되었던 것의 모형을 2005년에 주조하여 설치한 것이다.

긴급수용을 위한 등록 절차가 시작되는 곳이다. 빨간 통은 번호표를 부여하는 장치이다. 대형 사진은 등록 절차를 기다리는 당시의 모습을 담은 것이다.

긴급수용 절차가 진행되는 동안 사용되었던 각종 스탬프들

»Jetzt bin ich hier endlich geborgen,
jetzt kann mir niemand mehr etwas anhaben,
jetzt werde ich auch nicht mehr verfolgt.
Das war mein erster Gedanke.
Gott sei Dank, du bist in Sicherheit.«

Edith Anna Haase (geb. 1940),
1989 aus der DDR ausgereist

"이제 나는 이곳에서 드디어 안전하다, 이제 나에게 아무도 어떤 해를 끼칠 수 없다, 이제 나는 더 이상 박해를 받지도 않는다. 그것이 내가 맨 처음 했던 생각이었다. 다행히, 너는 안전하다."

에디트 안나 하제 (1940년 생), 1989년 동독에서 탈출

35. 민중봉기광장

1953년 6월 16일 동독의 정부 청사 앞 광장에서 노동자들의 시위가 있었고, 그 시위는 바로 다음 날인 6월 17일 역사적인 민중봉기의 출발점이 되었다.

동독에서의 가속화된 사회주의 건설과 그에 따른 동독 정부의 노동자 계급 요구 무시 그리고 작업기준의 10% 상향 조정이 시위의 주요 원인이었다. 노동자들의 요구는 작업기준 완화, 더 나은 생활환경, 자유로운 선거 및 서독과의 재통일 등이었다.

과거 동독의 정부 청사는 현재 연방 재무부 건물로 사용되고 있으며 건물 벽에는 당시의 민중봉기를 기념하는 안내판이 부착되어 있다. 건물 앞 광장은 '1953년 민중봉기광장 Platz des Volksaufstandes von 1953'으로 명명되었고 광장에는 당시 상황을 설명한 자료와 시위 모습을 담은 대형 사진이 설치되어 있다.

이 민중봉기는 붉은 군대의 유혈진압으로 좌절되었다. 그러나 이로 인해 동독의 공산주의 독재정권은 소련의 무력 지원 없이는 유지되기 어렵다는 사실이 드러났고, 이를 계기로 동독의 정보기관 슈타지는 이러한 저항을 사전에 저지하기 위해서 더욱 치밀한 감시와 억압 체계를 구축하게 되었다.

민중봉기 때의 사망자 수는 서방 측에서는 과장하는 경향이 있었고 동독에서는 축소하여 발표했기 때문에 정확히 알 수 없으나 2004년에 간행된 '1953년 6월 17일 민중봉기의 사망자들' 자료에 따르면 확인된 사망자 수는 55명이고 민중봉기와 관련 여부가 불분명한 사망자가 18명인 것으로 조사되었다.

'에른스트-로이터-플라츠 Ernst-Reuter-Platz'에서 브란덴부르크 문에 이르는 '6월 17일의 거리 Straße des 17. Juni'는 바로 이 민중봉기를 기념하기 위해서 봉기 닷새 후인 1953년 6월 22일에 서베를린 시가 명명했던 것이다.

1953년 8월 4일 서독 연방의회는 이 민중봉기를 기념하기 위해서 6월 17일을 '독일 통일의 날 Tag der deutschen Einheit'로 선포하고 국경일로 지정했었다. 이후 독일 통일의 날은 1990년 독일이 통일되자 10월 3일로 새롭게 국경일로 지정되었고, 6월 17일은 기념일로 남아 있다.

과거 동독의 정부 청사였던 연방 재무부 청사. 건물 왼쪽 아래 벽면에 민중봉기 안내판이 부착되어 있다.

1953년 6월 16일 이곳 동독 정부 청사 앞에서 프리드리히스하인 지역 스탈린알레의 건설노동자들이
작업기준의 완화, 정부퇴진, 정치적 이유로 구속된 모든 사람들의 석방, 그리고 자유 및 비밀 선거를
요구했다. 이 시위는 1953년 6월 17일 민중봉기의 출발점이었다. 우리는 그 희생자들을 추모한다.
1993년 6월 17일

팻말에 '1953년 민중봉기광장'이라고 쓰여 있다.

당시의 시위 모습을 담은 대형 사진

베를린 '제슈트라세 Seestraße'에 있는 납골묘지에는 1953년 6월 17일 민중봉기 희생자 11명의
묘와 당시 희생자들을 추모하는 조형물이 있다. 돌덩이 속에 갇힌 남자가 그것을 부수고 나오려는
형상의 이 조형물이 설치된 것은 1955년 6월 17일이다. 오른쪽 벽에는 '1953년 6월 17일의 희생
자들을 위하여'라고 새겨져 있다. 해마다 6월 17일에는 이곳에서 헌화와 추모 행사가 열린다.

베를린의 북서쪽에 위치한 도시 헤니히스도르프의 철강노동자 약 15,000명이 1953년 6월 17일 오전 6시 동베를린을 향해 행진을 시작했다. 베를린 테겔 지역의 베를리너 슈트라세 71번지에는 당시의 행진을 기념하는 조형물과 안내판이 설치되어 있다.

HIER ZOGEN AM 17. JUNI 1953
DIE HENNIGSDORFER STAHLARBEITER
VORBEI ZUR STADTMITTE
UND FORDERTEN
DIE WIEDERVEREINIGUNG
DES DEUTSCHEN VOLKES
DURCH FREIE WAHLEN

1953년 6월 17일 헤니히스도르프의 철강노동자들이
이곳을 지나 시내로 행진하여 자유선거를 통한 독일민족의 재통일을 요구했다.

면적 740ha, 최고 수심 8m, 최장 길이 4.3km, 최대 폭 2.6km 규모로 베를린에서 가장 큰 호수 '뮈겔제 Müggelsee'. 베를린의 쾨페닉, 프리드리히스하겐, 란스도르프 그리고 뮈겔하임 지역에 걸쳐 있다.

쾨페닉 지역의 도로 뮈겔하이머 담에서 뮈겔제로 가는 길목에 있는 민중봉기 기념석

1953년 6월 17일의 민중봉기를 기억하며

동독의 1953년 6월 17일 민중봉기의 출발점은 이곳이었다. 프리드리히스하인 병원 공사장 노동자들이
4일 전에 뮈겔제로 소풍을 왔을 때 이미 SED 지도부에 의해 결정된 작업기준 상향 조정에 관해 토론이
있었다. 여기, 음식점 "뤼베찰"의 근처 비어가든에서, 노동자들은 파업을 결심했다.
다음 며칠 동안 첫 파업이 있었고 그것이 6월 17일 동독 전체에서의 민중봉기로 확대되었다.
100만 명 이상이 700여 곳에서 민중봉기에 참가했다. 폭력으로 진압되었다.

36. 베를린 장벽 추모지

베를린 장벽은 1961년 8월 13일 축조되어 1989년 11월 9일 붕괴되기까지 베를린을 동서로 가르던 약 160km 길이, 3.6m 높이의 장벽이다. 동독 정부가 서베를린으로 탈출하는 사람들을 저지하기 위해서 쌓았던 것이다.

동서 베를린의 경계였던 거리인 '베르나우어 슈트라세 Bernauer Straße'의 약 1.4km 구간에는 베를린 장벽을 역사의 유물로 기억하고, 이 장벽을 넘다가 희생된 사람들을 추모하기 위한 각종 시설과 조형물이 설치된 '베를린 장벽 추모지 Gedenkstätte Berliner Mauer'가 조성되어 있다.

이 베를린 장벽 추모지는 1998년에 연방정부와 베를린주 정부에 의해서 처음 조성되어 계속 확장되었으며 2014년 11월 9일 장벽 붕괴 25주년을 기념하여 장벽 기록물 센터가 개축 공사를 마치고 새롭게 오픈함으로써 전체적으로 현재의 형태를 갖추게 되었다.

이곳에는 장벽과 감시탑, 동독 탈출을 시도하다가 사망한 이들의 사진으로 구성된 추모의 창, 장벽 추모지 전체를 조망할 수 있는 전망대, 방문객 센터, 기록물 센터 등이 있다. 약 70m에 이르는, 국가 기억물로 지정되어 있는 장벽의 일부도 원형 그대로 보존되어 있다.

이 추모지는 '베를린 장벽 재단 Stiftung Berliner Mauer'이 운영하고 있으며 '긴급수용소 마리엔펠데 Notaufnahmelager Marienfelde'도 이 재단에 속한다. 2008년 9월에 설립된 베를린 장벽 재단의 설립 목적은 베를린 장벽의 역사와 동독으로부터의 탈출 운동을 기록하고 그 역사적 장소와 실제 자취를 보존하며 희생자들을 추모하는 것이다.

베를린 장벽 추모지
1961년 8월 13일부터 1989년 11월 9일까지의 베를린 분단에 대한 기억과
공산주의 압제의 희생자들을 추모하기 위해
독일연방공화국과 베를린주가 건립했다.

방문객 센터

기록물 센터와 전망대

전망대에서 본 풍경

보존되어 있는 장벽의 일부와 감시탑

장벽의 설치에서 철거에 이르기까지의 역사에 대한 안내문이 적힌 조형물

일부 보존되어 있는 장벽

장벽이 있던 위치를 나타내는 조형물

1961년 8월 이곳에서 한 가족이 동독을 탈출했다는 사실이 기록된 표지판

1971년 7월 23일 이곳에서 1명이 동독 탈출을 시도했으나 체포되었다는 사실이 기록된 표지판

동독 탈출을 위한 땅굴의 하나였던 '터널 57'의 위치 표시. 57은 탈출에 성공한 인원수를 가리킨다. 이곳 지하 터널을 통해서 1964년 10월 3일 밤에 28명, 이튿날 밤에 29명이 동독을 탈출했다.

추모의 창. 높이 2.7m, 길이 12.8m의 철판에 162개의 칸이 있고 그중 112개의 칸에는 베를린 장벽에서 목숨을 잃은 희생자의 사진이 유리창에 부착되어 있다. 유리창 아래에는 이름과 생몰연대가 새겨져 있다. 18개의 칸에는 사진 없이 유리창 아래에 생몰연대만 기록되어 있다. 32개 칸은 비어 있다.

[] 하얀 십자가 []

연방의회 의사당 옆 슈프레강변에는 장벽을 넘어 동독을 탈출하다 목숨을 잃은 사람들을 추모하는 하얀 십자가 형태의 조형물이 설치되어 있다. 베를린 시민단체가 장벽 축조 10주년 되는 날인 1971년 8월 13일 연방의회 의사당 동쪽 서베를린 지역의 베를린 장벽 앞에 설치했던 것을 독일 통일 후 1995년 연방의회 일대의 건물 신축 등에 따라 브란덴부르크 문 근처로 옮겼다가 2003년 6월 17일 다시 이곳에 설치했다. 강에서 보이는 면에는 7명의 이름과 사망 날짜가 기록되어 있다.

연방의회 쪽에서 보이는 면에는 6명의 이름과 사망 날짜가 기록되어 있다. 맨 오른쪽 십자가는 신원이 확인되지 않은 희생자들을 위한 것이다.

연방의회 남쪽 브란덴부르크 문 방향의 '샤이데만슈트라세 Scheidemannstraße'와 '에버트슈트라세 Ebertstraße'가 접하는 모퉁이에 설치되어 있는 15개의 하얀 십자가. 본래 연방의회 의사당 동쪽 서베를린 지역의 베를린 장벽 앞에 조성되어 있던 추모지를 독일 통일 후 1995년에 이곳으로 옮긴 것이다. 2003년에 슈프레강변에 다시 하얀 십자가로 조성된 추모지가 마련되었으나 이곳도 그대로 유지되고 있다. 13개 십자가에는 슈프레강변의 십자가와 동일한 사람들의 이름과 사망 날짜가 기록되어 있고 왼쪽 첫 번째에는 '1961년 8월 13일 장벽 축조'라고 쓰여 있다. 가운데 십자가에는 '1953년 6월 17일 영웅들을 위하여'라고 쓰여 있다. 앞에 세워져 있는 3m 높이의 철제 십자가는 1965년 11월 25일 장벽을 넘다 총에 맞아 숨진 하인츠 소콜로브스키를 추모하기 위해 1966년에 설치되었던 것이다. 그의 이름은 뒤쪽의 하얀 십자가에도 기록되어 있다.

37. 화해의 예배당

　동서 베를린의 경계였던 거리인 '베르나우어 슈트라세 Bernauer Straße'에 있던 '화해의 교회 Versöhnungskirche'는 1894년 8월에 준공되어 1920년대 말 약 2만 명의 신도가 있던 대형 교회였다.

　그러나 1961년 8월 베를린 장벽이 설치되면서 서베를린 주민들은 동베를린 지역에 속해 있는 교회에 갈 수 없게 되었고 같은 해 10월에는 동베를린 주민들의 접근도 금지되었다. 결국 이 교회는 동독 정부에 의해 1985년 1월에 폭파되었다.

　현재 그 자리에는 둥근 형태의 조그마한 '화해의 예배당 Kapelle der Versöhnung'이 2000년 11월 9일 준공되어 베를린 장벽 추모지의 한 부분을 이루고 있다. 이 건물의 외부는 목재로 구성되어 있으며 내부 공간의 벽은 점토와 모래를 혼합한 공법이 사용되었다.

　이 화해의 예배당에서는 일요일 오전 10시 예배를 비롯한 종교 의식은 물론이고 화요일부터 금요일까지 낮 12시에는 베를린 장벽에서 목숨을 잃은 사람들을 위한 간단한 추도식이 15분 동안 열린다.

오른쪽이 화해의 예배당이고 왼쪽은 옛날 화해의 교회에서 사용하던, 1894년에 주조된 3개의 종이 보관되어 있는 곳이다. 그 종들은 지금도 사용된다.

종을 치는 모습

앞에 있는 조각상은 영국의 여류 조각가 '조세피나 드 바스콘셀로스 Josefina de Vasconcellos'의 작품 〈화해 Reconciliation〉이다. 영국의 코벤트리 성당, 일본의 히로시마 평화박물관 등 전쟁의 참화를 겪은 곳에 설치되어 있다.

예배당 내부

38. 연합국 박물관

'연합국 박물관 AlliiertenMuseum'은 제2차 세계대전이 끝나고 미국, 영국, 프랑스, 소련 등 4개국이 독일을 분할 통치할 때 미국, 영국, 프랑스, 즉 서방 연합국이 소련에 맞서 독일의 자유 수호에 기여했던 역사를 기념하기 위한 박물관이다.

이 박물관은 '독일역사박물관재단 Stiftung Deutsches Historisches Museum'이 1991년에 처음으로 제안하여 미국, 영국, 프랑스의 지원으로 1993년 국제전문가위원회가 구성되어 독일연방정부의 위탁을 받아 구체적인 설립 작업에 착수함으로써 오늘에 이르렀다.

1994년 서방 연합국이 베를린에서 철수한 다음 서방 연합국과 베를린을 주제로 한 전시회가 열려 3개월 동안 약 7만 명의 관람객이 찾는 대성황을 이루었다. 그때의 전시품 일부는 현재의 박물관에 전시되어 있다.

1996년에 독일연방정부, 베를린주 정부, 독일역사박물관재단, 시대사연구소, 미국, 영국, 프랑스 등을 회원으로 하는 연합국 박물관 협회가 설립되었고, 1998년 베를린 공습 50주년을 맞아 당시 연방수상 헬무트 콜이 참석한 가운데 성대한 개관식을 가졌다.

연합국 박물관의 전시는 '아웃포스트 Outpost' 건물과 니콜슨 추모 도서관 그리고 두 건물 사이의 공터에서 이루어진다. 아웃포스트는 1953년에 오픈한 750석 규모의 미군 전용 영화관으로서 당시 유럽에서 가장 현대적인 미군 영화관으로 꼽혔다.

미군들이 가족과 함께 자유 시간을 보낼 수 있도록 건립된 것이었으며, 영화 상영 전에는 미국 국가가 연주되었고 연주되는 동안에는 입장이 금지되었기 때문에 영화관에 늦게 온 사람들은 연주가 끝날 때까지 문 밖에서 기다려야 했다. 이 건물은 1995년에 기념물로 지정되어 보호되고 있다. 현재 연합국 박물관의 상설 전시실로 사용되고 있으며 전시 1부가 이곳에서 열린다.

니콜슨 추모 도서관은 본래 미군 도서관이었으나 1985년 동독지역 정찰 임무 수행 중 소련 경비병에 의해 사살된 미군 소령 니콜슨을 추모하는 의미에서 개명된 것이다. 약 25,000권의 장서를 보유한 베를린 최대 규모의 미군 도서관이었다. 현재 연합국 박물관의 전시실로 사용되고 있으며 상설 전시 2부와 특별 전시가 이곳에서 열린다.

상설 전시의 1부는 1945년 제2차 세계대전 종전에서 1948~1949년 서베를린으로 생필품을 공중 보급하던 때까지의 상황이 주를 이룬다. 상설 전시 2부는 미국, 영국, 프랑스 점령지역의 일상 생활 및 당시의 냉전 상황을 보여준다. 특별 전시는 시기에 따라 다르다. 그리고 옥외에는 서베를린으로 생필품을 공급하던 영국군의 수송기, 베를린 장벽 일부와 감시탑, 체크포인트 찰리에 있던 건물, 프랑스 군용열차 등이 전시되어 있다.

연합국 박물관은 '클레이알레 Clayallee' 135번지에 있다. 독일어로 '알레'는 가로수가 있는 큰길을 뜻하고 '클레이'는 1947~1949년 독일의 미군 점령지역 사령관 이름이다.

상설 전시 1부가 열리는 과거의 아웃포스트 건물

아웃포스트 안의 전시장 출입문 위에는 '지금 국가가 연주되고 있으니 기다리시오'라는 안내판이
지금도 보존되어 있다.

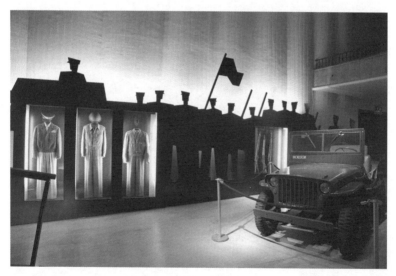

전시장 내부

아웃포스트 건물과 니콜슨 추모 도서관 사이의 공터. 분단 당시 서베를린으로 생필품을 공급하던
영국군의 수송기는 일요일에 1유로를 내고 내부를 볼 수 있다.

비행기 내에서 관람하는 당시의 상황 필름

조종석

서베를린에서 프랑스 스트라스부르까지 주 3회 운행하던 프랑스 군용열차

1986년부터 1990년 6월 22일 철거될 때까지 실제로 사용되었던 체크포인트 찰리 건물. 현재 체크포인트 찰리에 있는 것은 모형이다.

왼쪽 국기 뒤의 건물이 상설 전시 2부와 특별 전시가 열리는 과거의 니콜슨 추모 도서관이다.

상설 전시 2부에 전시되어 있는 베를린 스파이 터널. 이 터널은 소련이 1948~1949년 베를린 봉쇄를 단행하자 미국의 정보기관 CIA와 영국의 정보기관 MI6가 정보 수집을 위해 설치한 터널이다. 동베를린에 주둔해 있는 소련군이 사용하는 전화를 도청하는 것이 목적이었다. 약 450m 길이의 이 터널은 1954~1955년에 설치되어 11개월 11일 동안 40만 건 이상의 전화를 도청하다가 영국의 이중간첩 조지 블레이크가 소련 측에 누설하는 바람에 1956년 4월에 발각되어 같은 해 가을 동베를린 지역에 속하는 약 300m 가량의 터널이 소련군에 의해 폐쇄되었다. 그리고 서베를린 지역에 있던 터널의 나머지 부분은 사람들의 뇌리에서 사라졌다. 연합국 박물관은 1997년 여름에 터널의 위치를 확인하고 7m 정도에 이르는 터널의 일부를 발굴했으며 2005년에도 일부를 발굴했다. 베를린 스파이 터널의 원형이 전시되어 있는 곳은 세계에서 이곳이 유일하다.

[] 장벽이 무너진 날 []

조각품 〈장벽이 무너진 날 The Day the Wall Came Down〉. 베를린 장벽 붕괴를 축하하는 의미로 미국이 독일에 선물한 것이다. 1998년 7월 2일 제막되었다. 연합국 박물관 옆에 있다.

39. 체크포인트 찰리

'체크포인트 찰리 Checkpoint Charlie'는 베를린 장벽이 세워진 1961년 8월에 설치된 동서 베를린의 국경 검문소였다. 연합군 측 3개의 검문소 중 미군이 운영하던 것이었으며 '찰리'라는 이름은 영문 세 번째 알파벳 C의 대용으로 부여된 것이다.

알파벳 A, B, C…는 정확한 의사전달을 위해 Alpha, Bravo, Charlie… 이런 식으로 표현된다. 이것은 국제적으로 통용되는 방식이며 국가별로는 다를 수 있다. 예를 들면 독일에서는 Anton, Berta, Cäsar…를 사용한다.

원래의 체크포인트 찰리는 1989년 베를린 장벽이 무너지자 1990년 6월에 철거되었다. 체크포인트 알파와 브라보도 모두 철거되었다. 오늘날 관광 명소가 된 체크포인트 찰리는 2000년 8월에 설치된 모형이다. 철거된 원형은 연합국 박물관에 전시되어 있다.

서쪽에서 바라본 모습. 경계를 넘어가면 동독 지역이라는 의미로 소련군 사진이 붙어 있다. 오른쪽에 '당신은 미국 지역을 떠나고 있다'는 안내판이 보인다.

동쪽에서 바라본 모습. 경계를 넘어가면 서독이라는 의미로 미군 사진이 붙어 있다. 왼쪽에 '당신은 미국 지역에 들어오고 있다'는 안내판이 보인다.

1961년 10월 27일 체크포인트 찰리에서의 탱크 대치상황을 기억하고, 미국 케네디 대통령의 위임을 받은 베를린 책임자 클레이 장군의 베를린 자유 수호를 위한 단호한 행동에 감사하며.

2011년 10월

군인 복장을 한 이들은 기념사진을 촬영해 주는 대가로 관광객에게 돈을 받는다.

서쪽 멀리서 바라본 체크포인트 찰리. 오른쪽에 체크포인트 찰리 하우스가 보인다. 이 건물은 베를린의 도시계획 프로젝트 '국제 건축전 1987 Internationale Bauausstellung 1987'에 참가한 미국 건축가 아이젠먼의 설계 작품이다. 이 건물에 '장벽 박물관 – 체크포인트 찰리'가 있다.

[] 장벽 박물관 – 체크포인트 찰리 []

베를린 장벽과 분단의 역사를 보여주는 이 박물관은 역사학자이며 인권운동가인 '라이너 힐데브란트 Rainer Hildebrandt'가 설립한 것이다. 1962년 10월 19일 베르나우어 슈트라세의 소규모 공간에서 처음 전시를 시작했는데 방문객이 너무 많아서 1963년 6월 14일 '프리드리히슈트라세 Friedrichstraße' 44번지로 이전하여 '장벽 박물관 – 체크포인트 찰리 Mauermuseum – Checkpoint Charlie'라는 이름으로 새롭게 문을 열었다.

현재의 건물이 1985~1986년에 건축되면서 박물관도 프리드리히슈트라세 43~45번지로 확장되었다.

장벽 박물관 – 체크포인트 찰리

1953년 6월 17일 민중봉기에 관한 자료

소련의 첼로 연주자이며 지휘자인 로스트로포비치를 기념하는 조형물. 소련의 정치적 현실에 비판적이며 민주주의와 인권을 위해 진력했던 로스트로포비치는 1989년 11월 9일 베를린 장벽이 붕괴되자 다음 날 베를린으로 와서 11월 11일 체크포인트 찰리 인근의 장벽 앞에 홀로 앉아 바흐의 무반주 첼로 모음곡을 연주했다. 왼쪽에 당시의 사진이 보인다.

40. 동독 박물관

동독의 생활상을 보여주는 '동독 박물관 DDR-Museum'은 '베를린 돔 Berliner Dom' 건너편 슈프레강변에 있다. 다른 박물관과 달리 이 박물관은 관람객이 전시품들을 직접 보고 듣고 만질 수 있도록 구성되어 있어서 특히 어린이들과 청소년들에게 인기가 높다.

2013년 7월 현재 연령별 통계에 따르면 16세 미만 관람객이 전체의 21%로 가장 많은 비율을 차지하고 있고, 17~21세 비율은 15%, 22~29세는 19%에 이른다. 출신 지역별로는 전체 방문객의 43%가 과거 서독 주민이며 23%는 과거 동독 출신, 27%는 유럽 다른 나라, 그리고 나머지는 다른 대륙 출신인 것으로 조사되었다.

직접 체험이 가능한 이 박물관은 세계에서 가장 재미있는 박물관들 중 하나로 꼽히고 있으며 국가의 재정 지원을 받지 않는 사설 기관이다. 프라이부르크의 민족학자 '켄첼만 Kenzelmann'이 베를린 여행을 하면서 동독에 관한 박물관을 찾았으나 존재하지 않음을 알고 동독 박물관 프로젝트를 추진하여 건립된 것이다.

2006년 7월에 개관한 이 박물관은 불과 1년 만에 18만 명의 관람객을 맞이했으며 2017년 7월 13일 현재 누적 방문객 수는 495만 3,975명으로 집계되어 있다.

가정집 거실 모습

각종 영상과 음성 자료들

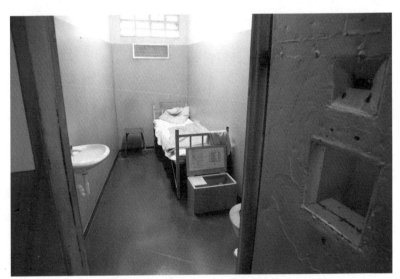

1949년부터 1989년까지 동독에서는 약 25만 명이 정치적인 이유로 유죄 판결을 받았다.

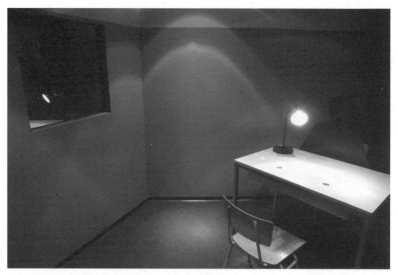

면회 금지는 물론 변호사 선임도 못한 채 심문을 받던 곳

동독의 나체문화를 보여주는 각종 사진 및 영상 자료들

[] 나체문화 []

'나체문화 FKK: Freikörperkultur'는 오랜 역사를 갖고 있다. 18세기까지 중부유럽 대부분 지역에서는 바다나 호수에 나체로 뛰어들었다. 18세기 후반에 이르러 공공 장소에서의 나체에 대한 거부감이 형성되었지만 반대로 고대 그리스 나체문화의 부활이라며 나체를 옹호하는 주장도 있었다.

1898년에 '노르트라인-베스트팔렌 Nordrhein-Westfalen'주의 도시 '에센 Essen'에서 독일 최초의 나체문화 동호회가 결성되었다. 그리고 1920년에는 '슐레스비히-홀슈타인 Schleswig-Holstein'주에 속해 있는 북해의 섬 '쥘트 Sylt'에 독일 최초의 공식적인 나체 해수욕장이 개장했다.

나체문화는 성적인 것과는 무관하다. 1950년대에는 동호회 중심으로 실행되었으나 1970년대 초 비조직적인 나체문화가 형성되기 시작했다. 명백하게 금지되어 있지 않은 곳에서는 자유롭게 나체를 드러냈으며 당시에는 그것이 사회적으로 용인되었다.

특히 동독에서 동독 정부의 금지에도 불구하고 바다나 강, 호수 등 수영이 가능한 곳에서의 나체는 거스를 수 없는 일반 대중의 문화 현상이었다. 나체는 금지된 것에 대한 저항 그리고 계급 없는 사회를 뜻하는 것이었으므로 수영복을 착용한 사람들은 아웃사이더가 되었다.

물론 서독에도 나체문화는 존재했으나 동독처럼 평범한 일상의 모습은 아니었으며 독일 통일 후로는 동독 지역의 나체문화도 점차 위축되었다. 그럼에도 불구하고 2014년에 실시된 조사에 따르면 독일은 세계에서 나체문화가 가장 발달한 나라이다. 현재 독일 곳곳에는 나체 수영이 허용되는 공공 장소가 있다. 그리고 사우나는 일반적으로 남녀 공용이다.

41. 눈물의 궁전

'눈물의 궁전 Tränenpalast'은 동서 베를린의 경계에 있던 '프리드리히슈트라세 Friedrichstraße' 역의 출국 대합실을 가리키는 표현이었다. 대부분 동독 주민들은 서독으로의 여행 자유가 없었으므로 서독에서 온 친지나 친구 등 방문객들이 떠날 때 대합실에서 눈물을 흘리며 작별 인사를 했기 때문에 붙여진 명칭이다. 여권 및 소지품 검사 등 국경 통과를 위한 수속과 통관 절차도 이곳에서 이루어졌다.

이 눈물의 궁전은 독일 통일 하루 전인 1990년 10월 2일 동독 정부에 의해 기념물로 지정되었고 통일 후에는 각종 문화 행사장으로 사용되다가 2010년부터는 '독일 분단의 일상 Alltag der deutschen Teilung'이라는 주제의 상설 전시관으로 사용되고 있다. 해마다 20만 명 이상의 관람객이 이곳을 찾는다.

문화양조장 박물관과 마찬가지로 '독일 역사의 집 재단 Stiftung Haus der Geschichte der Bundesrepublik Deutschland'이 운영한다.

눈물의 궁전 입구

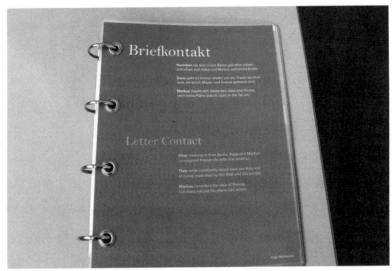

편지접촉

카챠와 마쿠스는 동베를린에서 만난 후 서로 많은 편지를 교환했다.
그들이 장벽과 국경 때문에 떨어져 있는 것에 대한 슬픔이 항상 주된 내용이다.
마쿠스는 탈출을 생각하지만 계획을 실행에 옮기지는 않는다.

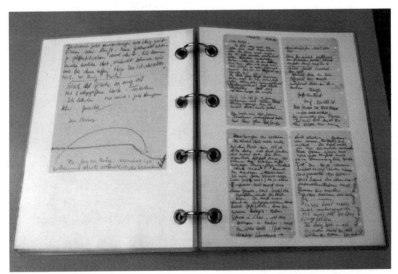

동독의 슈타지는 편지 내용을 모두 파악하고 있었다. 마쿠스가 감시 대상이었음은 물론이다.

동베를린을 떠나 서베를린으로 탈출한 실제 인물의 증언이 담긴 영상을 시청할 수도 있다. 위 사진은 1960년 8월 당시 여덟 살이던 소년 카를–하인츠 카리쉬가 서베를린으로 올 때 가지고 왔던 에리히 케스트너의 소설 〈에밀과 탐정들〉과 그의 아버지가 가지고 왔던 카메라 등이 담긴 가방이다. 동영상 속의 인물은 어른이 되어 당시를 회고하는 카를–하인츠 카리쉬이다. 그는 현재 베를린에 거주하며 칼럼니스트로 활동하고 있다.

[] 트라비 []

'트라비 Trabi'는 동독에서 1957년에 처음 생산이 시작되었던 승용차 '트라반트 Trabant'의 애칭이다. P50, P60, P601, 1.1 등 몇 가지 모델이 있으며 일부 모델은 독일 통일 후에도 1991년까지 생산되었다.

베를린과 드레스덴에는 트라비를 타고 시내 관광을 할 수 있는 프로그램을 제공하는 회사가 있다. 관광객이 트라비를 직접 운전하면서 가이드가 운전하는 선도 차량을 뒤따르는 방식으로 운영된다.

베를린 시내 관광을 하는 트라비 행렬

42. 뵈제브뤼케

'보른홀머 슈트라세 Bornholmer Straße'에 있는 길이 138m, 폭 31m 규모의 '뵈제브뤼케 Bösebrücke'는 1916년에 '힌덴부르크브뤼케 Hindenburgbrücke'라는 이름으로 준공되었던 다리이다. 독일어로 '브뤼케'는 '다리'라는 뜻이다.

중앙으로는 트램이 다니고 양옆으로 자전거 도로와 보행자 도로가 있는 이 철교는 나치에 저항하다 체포되어 1944년에 처형당한 '빌헬름 뵈제 Wilhelm Böse'의 성을 따서 1948년에 현재의 이름인 '뵈제브뤼케'로 개명되었다.

뵈제브뤼케에는 베를린 장벽이 무너진 1989년 11월 9일 동독에서 가장 먼저 개방된 국경검문소가 있었다. 그러나 이곳의 검문소가 가장 먼저 개방된 것은 전혀 계획에 없던 우발적인 사건이었다.

동독의 '독일사회주의통일당 SED: Sozialistische Einheitspartei Deutschlands' 정치인 '귄터 샤보브스키 Günter Schabowski'가 1989년 11월 9일 저녁 새로운 여행 규정을 발표하는 기자회견에서 동독 시민의 여행의 자유는 '즉시, 지체 없이 sofort, unverzüglich' 보장된다고 말함으로써 바로 그날 밤부터 장벽은 몰려든 동독 시민들에 의해 무너지기 시작했던 것이다.

실제로는 신청서를 제출해서 허가를 받아야 했었다. 그래서 동독 정부는 새로운 여행 규정이 발표되면 시민들이 여행 허가를 신청하기 위해 관청으로 몰려들 것으로 예상했었다고 한다.

뵈제브뤼케의 동쪽, 즉 과거 동베를린 지역에는 1989년 11월 9일을 기념하는 광장이 조성되어 있으며 해마다 11월 9일 저녁에는 시민들이 이곳에 모여 샴페인을 들며 당시를 회고한다.

뵈제브뤼케
1961~1989 동독 국경검문소
1989년 11월 9일에
독일에서 처음으로 무너진 동독의 국경검문소였다.

뵈제브뤼케의 과거 동베를린 지역에는 이 다리가 갖는 역사적 의미가 적힌 안내판이 있다. 안내판이 부착되어 있는 받침대는 붕괴된 베를린 장벽의 일부로 만들어진 것이다.

1989년 11월 9일 밤
"보른홀머 슈트라세" 다리에서
1961년 8월 13일 이래
처음으로 장벽이 열렸다.

베를린 사람들이 다시 모였다.

빌리 브란트:
"베를린은 살고, 장벽은 무너질 것
이다."

이 안내판은 베를린 장벽 붕괴 1주년이 되는 1990년 11월 9일에 설치되었다. 그리고 2010년 11월 9일에는 그 주변 공터의 기념 공간 조성이 완료되었고 그로부터 3년이 지난 2013년 11월 9일에 그 기념 공간은 '1989년 11월 9일의 광장'으로 명명되었다.

팻말에는 '1989년 11월 9일의 광장'이라고 쓰여 있다. 이곳에는 당시의 상황을 기록한 대형 사진과 상세한 역사적 설명이 부착된 안내판이 설치되어 있다.

국경검문소가 개방되자 서베를린으로 향하는 동베를린 시민들의 당시 모습

09:00   동독 내각이 새로운 여행 규정을 마련한다.

19:05   "동독이 국경을 개방한다", AP 속보

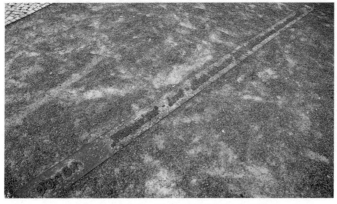

00:15   "세상에나" – "이럴 수가" – "믿어지지 않아",
20,000명이 뵈제브뤼케를 건너갔다.

1989년 11월 9일의 광장에는 9일 아침 9시부터 10일 0시 15분까지의 주요 상황이 시간과 함께
기록된 15개의 철판이 바닥에 설치되어 있다.

에필로그

'롤랑 바르트 Roland Barthes'는 사진을 '과거 어느 때 실재했던 대상으로부터 발산된 빛이 현재의 나에게 도달한 것'으로 파악한다. 그는 그런 맥락에서 사진의 재현 능력보다 증거 능력에 더 큰 가치를 부여하며 사진의 기록성을 강조한다. 이때 시각적 기록으로서의 사진이 갖는 강력한 빛은 다른 어떤 감각 작용보다 더 우월한 기억의 촉매 역할을 한다.

독일의 '아스만 부부 Jan und Aleida Assmann'는 프랑스의 '모리스 알박스 Maurice Halbwachs'의 집단적 기억 개념을 문화적 기억과 소통적 기억으로 심화 발전시켜 논한다.

소통적 기억은 일상 생활에 의거하는 집단적 기억의 한 종류로서 동시대인들과 공유하는 회상이며 지속되는 기간은 길어야 80년에서 100년 정도이다. 이에 비해 문화적 기억은 한 사회의 상호작용의 테두리 내에서 세대를 거쳐 형성된 모든 지식을 가리키는 집합개념이며 관습, 문학작품, 기억을 위한 조형물, 그림, 사진 등의 문화적 매체를 통해서 전승된다.

이 책은 독일의 나치와 분단에 대한 문화적 기억을 사진으로 촬영하고 그 역사적 배경을 기술한 것이다. 주로 기억을 위한 조형물 등의 매체를 통해서 전승되는 문화적 기억을 사진이라는 다른 문화적 기억 매체로 복제한 셈이다.

사진의 본래적 기능인 이 복제를 통해 저기 독일인들이 어두운 과거사를 어떻게 다루는지 그 방식을 자세히 보면서 궁극적으로는 여기 우리 현실을 잘 살필 수 있으면 좋겠다.

*   *   *

사실과 견해의 경계를 넘나드는 풍부한 감성의 말과 글이 곳곳에서 생산되고 소비된다. 나는 나의 생각이나 느낌을 모두 배제한 채 내가 직접 보고 읽은 사실만 사진과 글로 담담하게 전하고 싶었다. 홀로코스트의 참상을 밝히는 볼프강 벤츠의 『홀로코스트 Der Holocaust』(1995)를 떠올리든, 홀로코스트의 산업화를 비판하는 노르만 핀켈슈타인의 『홀로코스트 산업 The Holocaust Industry』(2000)을 떠올리든, 파울 첼란의 시집 『양귀비와 기억 Mohn und Gedächtnis』(1952)을 떠올리든, 노순택의 사진집 『망각기계』(2012)를 떠올리든, 어떤 생각을 하고 무엇을 느끼든 그것은 오롯이 독자의 몫이다. 이 책이 소비되지 않고 소용되면 좋겠다.

*　　　*　　　*

2013년 7~8월, 2015년 8월, 2016년 7월. 짧은 여행을 떠났던 며칠을 제외하고는 그 4개월 내내 베를린에 있었다. 유학 시절에는 무심히 지나쳤던 많은 것들이 눈에 들어왔다. 많이 걸었다. 참 많이 걸었다. 그 여름 동안 나는 배낭 대신 카메라 가방을 맨 여름 씨, '좀머 Sommer' 씨였다. 밀짚모자 하나를 남기고 유유히 사라진 좀머 씨, 그는 나에게 아픈 기억과 싸우던 걷기 명상가였다.

2017. 10. 17.

〈참고자료〉

참고문헌

고유경: 독일사 깊이 읽기. 푸른역사 2017.

노르만 핀켈슈타인 (신현승 옮김): 홀로코스트 산업. 한겨레신문사 2004.

노순택: 망각기계. 청어람미디어 2012.

볼프강 벤츠 (최용찬 옮김): 홀로코스트. 지식의 풍경 2002.

볼프람 베테 (김승렬 옮김): 독일국방군. 미지북스 2011.

이영석 외: 도시는 역사다. 서해문집 2011.

이재인: 문화적 기억 매체로서의 사진 - 브레히트의 『전쟁교본』과 노순택의 『망각기계』를 중심으로. 실린 곳: 독일언어문학 제69집 (2015), 199-220.

전진성: 상상의 아테네 - 베를린, 도쿄, 서울. 천년의 상상 2015.

전진성: 역사가 기억을 말하다. 휴머니스트 2009.

최호근: 제노사이드 - 학살과 은폐의 역사. 책세상 2005.

Assmann, Aleida: Erinnerungsräume. Formen und Wandlungen des kulturellen Gedächtnisses. 3. Aufl. München 2006.

Assmann, Jan: Das kulturelle Gedächtnis. 6. Aufl. München 2007.

Assmann, Jan: Kollektives Gedächtnis und kulturelle Identität. In: Jan Assmann und Tonio Hölscher (Hrsg.): Kultur und Gedächtnis. Frankfurt a. M. 1988, 9-19.

Barthes, Roland: Die helle Kammer. Bemerkungen zur Photographie. Übersetzt von Dietrich Leube. 15. Aufl. Frankfurt a. M. 2014.

Celan, Paul: Mohn und Gedächtnis. In: ders.: Gesammelte Werke in fünf Bänden. Bd. 1, Frankfurt a. M. 1986.

Engelkamp, Johannes: Das menschliche Gedächtnis. Das Erinnern von Sprache, Bildern und Handlungen. Göttingen 1990.

Möller, Horst / Dahm, Volker / Mehringer, Hartmut (Hrsg.): Die tödliche Utopie. Bilder, Texte, Dokumente, Daten zum Dritten Reich. München 2001.

Neander, Utta und Niklas: Berlin. Stuttgart 2012.

Nowel, Ingrid: Berlin. Köln 2002.

Oleschinski, Brigitte: Gedenkstätte Plötzensee. Hrsg. von der Gedenkstätte Deutscher Widerstand. Berlin 2002.

Pöthe, Zitha: Perikles in Preußen. Die Politik Friedrich Wilhelms II. im Spiegel des Brandenburger Tores. Berlin 2014.

참고 사이트

http://de.wikipedia.org
http://www.17juni53.de

http://www.alexanderplatz.de

http://www.berlin.de

http://www.berliner-mauer-gedenkstaette.de

http://www.bpb.de

http://www.bundestag.de

http://www.bz-berlin.de/artikel-archiv/gedaechtniskirche-ist-3-meter-hoeher

http://www.carillon-berlin.de

http://www.gedaechtniskirche-berlin.de

http://www.gedenkstaette-ploetzensee.de

http://www.gedenktafeln-in-berlin.de

http://www.hdg.de

http://www.hiberlincenter.com/de/alexanderplatz-berlin-geschichte

http://www.hu-berlin.de/de/pr/nachrichten/nr1604/nr_160418_00

http://www.jg-berlin.org

http://www.jmberlin.de

http://www.kapelle-versoehnung.de

http://www.kulturbrauerei.de

http://www.memorialmuseums.org

http://www.moabitonline.de

http://www.muenster.de/~alkan/berlin-brandenburgertor-quadriga.htm

http://www.museumsportal-berlin.de

http://www.notaufnahmelager-berlin.de

http://www.orte-der-erinnerung.de

http://www.sie-waren-nachbarn.de

http://www.stasimuseum.de

http://www.stiftung-berliner-mauer.de

http://www.stiftung-evz.de

http://www.stolpersteine-berlin.de

http://www.tagesspiegel.de

http://www.topographie.de

http://www.trabi-safari.de

http://www.verbrannte-buecher.de

http://www.zeit.de

http://www.zwangsarbeit-archiv.de

http://www.washingtonpost.com